CES OBJETS INSOLITES OU OBSOLÈTES QUE VOUS PENSIEZ AVOIR OUBLIÉS

Du même auteur :

Lady Gaga, Democratic Books, 2011.

Sept entretiens… et un peu de philosophie, avec Jean Tellez, « Les clés de la philo », Germina, 2009.

7-13, boulevard Paul-Émile-Victor - Île de la Jatte
92521 Neuilly-sur-Seine Cedex

www.michel-lafon.com

ARIEL WIZMAN

CES OBJETS INSOLITES OU OBSOLÈTES QUE VOUS PENSIEZ AVOIR OUBLIÉS

Avec la complicité de Marie Jocteur Monrozier

Michel LAFON

AVANT-PROPOS

À Osnath.

Ceux qui persistent à considérer la nostalgie comme un sentiment élégant — alors même qu'ils seraient furieux d'avoir à aller à la bibliothèque, préférant googler d'un doigt à la vitesse des échanges mondialisés — sont des hypocrites. Qui vivent dans le déni. Car le Bi-Bop ne reviendra pas, le Minitel n'a que trop duré, nous sommes heureux de vous annoncer le décès du MiniDisc. Et si vous voulez des nouvelles de la machine à écrire, elle est en phase terminale. Alors, à l'évidence, l'attitude la plus digne est de dire : « Tant mieux ! *Adiós !* On débarrasse ! On évacue ! Merci pour tout et rideau ! »

Mais allait-on les laisser partir comme ça, ces objets démodés ou sur la route de l'obsolescence (comme ce mot lui-même, du reste), sans les conspuer, sans balancer une dernière fois, sans réveiller quelques souvenirs, sans goûter à l'immense plaisir de se sentir « senior », fiable, digne de confiance et de mémoire, capable de se rappeler ce moment de loose et d'incertitude sur soi que tout le monde envie pour de mauvaises raisons et qu'on appelle « jeunesse » ? À l'imparfait, la mocheté est plus drôle. Et l'avantage avec le passé, c'est qu'il n'est plus là pour répondre. Essayez d'insulter l'avenir, et je ne donne pas cher de votre peau. Le passé est, disons, plus docile.

Alors à ceux qui me diront, en voyant ces objets : « C'était tellement génial, je regrette tellement tout ça... », je répondrai : « Ces objets, pour la plupart, étaient médiocres, mal foutus, disgracieux et primaires. T'es-tu vraiment demandé pourquoi tu les regrettes aujourd'hui ? »

À ceux qui lanceront, avec un clin d'œil LOL épais comme une cheville d'éléphanteau : « Énorme ! Une Dictée magique ! C'était trop fun... Uhuh... Je m'souviens qu'avec mon cousin... », je ne dirai rien, je frapperai directement, sans avertir. La violence est la seule réponse à l'excès d'ironie.

À ceux qui pensent encore faire fortune avec une collection de pin's parlants, constituée à partir de 1984 au détriment d'une vraie vie sexuelle, je dis : « Vous avez fait fausse route. L'épinglette Fleury Michon est totalement décotée ces derniers temps. Bientôt la ruine et l'humiliation. »

Autant le dire, les phrases ci-après se sont chevauchées sur mon ordinateur à pomme dernier cri, qui les a corrigées automatiquement, sans états d'âme, et c'est avec plaisir qu'un éditeur talentueux (je dirai pareil du prochain, bien sûr) leur a fait une place dans vos librairies et vos supermarchés.

Que cette encyclopédie du déclassé illumine un hiver qui s'annonce rigoureux. Car dans le fond, on aura beau dire, ces objets... on les aimait bien quand même !

L'APPAREIL PHOTO JETABLE

Au départ, en 1986, c'était un progrès... Jusqu'à ce qu'on y réfléchisse. Mais non, en fait, c'est l'appareil non jetable qui était un progrès. Clic, on sort la pellicule, on la développe. C'est quand même plus commode, non ?
Et puis, il était tout sauf jetable, cet appareil (qui faisait, du moins à ses débuts, des photos moins bonnes, et plus chères)... puisqu'il fallait l'amener au labo ! Aujourd'hui, il est surtout utilisé dans les mariages.

L'ARDOISE À CRAIE

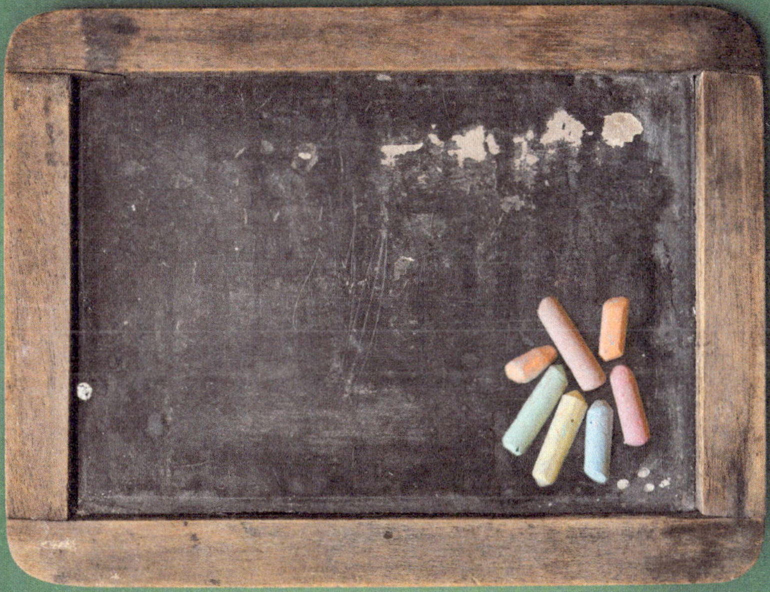

L'ardoise était rugueuse, sale, sombre, illisible. Dès qu'on la touchait du bout de la craie, elle émettait un crissement qui faisait fuir les filles. La craie laissait les doigts aussi secs qu'un cor au pied, et l'éponge pouvait toujours passer et repasser, la surface de l'ardoise n'était jamais nette. Qui voudrait le retour de tout ça, à part quelques bistrots pseudo-français de Londres ou de Tokyo, qui dissimulent leurs prix d'arnaqueurs sous une graphie incertaine ?

L'ARDOISE MAGIQUE TÉLÉCRAN

Le type même du truc complexe qui nécessite d'être maîtrisé à 100 % pour donner des résultats satisfaisants. Si j'avais laissé parler la bête en moi, je crois que ma chambre aurait été un cimetière de Télécran éventrés. Mais comment on fait ces foutues lignes obliques !? Et pour dessiner quoi !? Mais vous m'avez offert ça pour me rendre dingue !? Et les ronds, on les fait comment !? Je crois que je maîtrise mieux le jeu *Donjons et Dragons* que cette ardoise magique pourtant « indémodable et incontournable » depuis 1959.

L'ASTRONETTE

« Mais non, Corinne, tu n'es pas ridicule, tu es simplement... différente. » L'Astronette a constitué un progrès considérable dans les rapports humains, dans la « convivialité » comme dirait Cyril Lignac. Et personne n'en parle ! Aucun hommage, aucune reconnaissance. Car à l'époque où les genres étaient bien définis, monsieur socialisait assis sur un fût de bière et madame sous un casque de coiffeur. Mais ces casques faisaient du bruit, et ces dames étaient obligées de crier pour échanger de précieuses informations sur le prix du gigot ou l'amabilité de la postière. En rentrant chez elles pour retrouver leur mari imprégné de houblon, elles continuaient à crier, ce qui finissait en scène de ménage et rendait la France aussi désagréable qu'aujourd'hui, mais pour d'autres raisons. Avec l'Astronette, casque souple et domestique, les époux se sont retrouvés, le silence est revenu, les voix ont baissé, madame a pu être autonome pour ses permanentes, et monsieur a pu se moquer d'elle et faire rire les enfants.

LE BAC À GLAÇONS EN MÉTAL

Tel un Jean-Pierre Marielle en slip, déchaîné dans un film de Joël Séria, lâchant à une rombière : « T'es moche mais j'vais t'baiser », on a envie de dire à ce bac à glaçons : « T'es laid, t'es sale, mais t'étais quand même pratique, et on était bien content de te trouver, quand la voisine nous demandait une Suze sur la glace. »

1959

Joies du Confort...
Ces trois mots évoquent la somme de tous les plaisirs "FRIGIDAIRE".
Le "MUR-ALL" 133 litres. (capacité brute)
Le "SUPER 5" 147 litres. (capacité brute)
Joies de la famille heureuse.
Joies de votre prochain été.
Joies de posséder un...
Le "LEADER 7" 202 litres. (capacité brute)
Parmi ces 11 modèles de 107 à 292 litres il y a votre...
FRIGIDAIRE*
le vrai
*Marque déposée
PRODUCTION GENERAL MOTORS (FRANCE)
56-60 AV. LOUIS-ROCHE, GENNEVILLIERS (SEINE) - TEL. : GRE. 44-50
PEMA A 3542

LES BADGES SMILEYS

1988 fut le « *Summer of Love* ». De Manchester à Berlin, au rythme de la house, de la techno et d'autres rythmiques d'autoroutes, les jeunes avaient redécouvert qu'on pouvait s'aimer, se tendre les bras, à condition d'avoir pris la bonne pilule, qui était tout sauf contraceptive. Les yeux écarquillés, le sourire extatique, la langue en drapeau, tout ça composait le graphisme du visage du « *raver* », symbolisé par le bonhomme smiley. Quelques millions de badges à cette effigie furent produits à la va-vite, dans les goulags (qui existaient encore) et les usines du Bangladesh (dont c'était l'explosion). En général, on le mettait avant d'aller « en teuf », puis on se ravisait dans l'escalier et on le jetait dans le caniveau sur le chemin.

LE BALADEUR CD

Lancé en 1984, le baladeur CD ne donnait pas envie de se balader. Ni d'écouter de la musique. Qui aurait eu envie de se promener avec, sur lui, un objet aussi volumineux, auquel il fallait adjoindre un étui, toute une discothèque mobile, un casque ? Pourquoi pas un magnétophone à bandes, un préampli, un ampli, et deux baffles, le tout dans un cabas marocain, porté nonchalamment, pendant qu'on invite une inconnue à boire un verre ? Le seul intérêt de cet objet était qu'il sentait le nem et les nouilles sautées de l'atelier d'où il provenait.

LE BALAI MÉCANIQUE

— Monsieur, c'est à vous, le balai mécanique, là ?
— Le quoi ? Ça, là ? Euh non, j'connais pas. Non, il doit y avoir erreur…
Personne n'a envie de revendiquer un tel objet. Le concepteur a subi plusieurs chirurgies faciales, le designer est incognito quelque part aux Caraïbes et essaie de refaire sa vie, alors que des milliers de balais mécaniques restent là, honteux, au fond des maisons de campagne, incapables de tenir debout (ça, c'était leur principal problème).
— Monsieur, vous êtes sûr que ce balai ne vous rappelle rien ?
— Euh…
Non, décidément, autant Georges Perec a mis les piles Wonder dans son *Je me souviens* (souvenir n° 346), autant aucun écrivain n'a jamais eu le cran de reconnaître que cet objet ait pu faire partie de sa vie et de sa mémoire. Et on comprend pourquoi.

LA BALANCE D'ÉPICERIE

Jadis, l'emblème du commerçant et artisan français.
« Il m'en reste un peu, madame Tapon, j'vous l'mets quand même ? » De derrière sa balance Testut, Jo le boucher vous arnaquait toujours un peu, sans doute, avec ses graduations jaunes, aussi complexes qu'une table trigonométrique, et qui demandaient au moins un B.E.P. pour qui voulait les déchiffrer. N'empêche. Quand on tombe encore aujourd'hui, au cœur des vacances, sur un petit commerce de proximité, fermé de 12 à 15 heures, avec un rideau à fils à la provençale et une belle balance Testut, on fait sonner les cloches de la porte d'entrée avec le plaisir du touriste chinois pénétrant au Louis Vuitton des Champs-Élysées, et on demande, haletant : « Elle est à combien le kilo, votre tapenade ? »

LA BALANCE TERRAILLON 4000

Sur catalogue, ça paraissait une bonne idée. Et ça l'était. Cette balance a illuminé la cuisine française des années 70, elle a amené l'exactitude dans les foyers, a rétabli la crêpe dans sa légèreté, a mis fin au règne de la main lourde. Fini la pâte à choux bourrative, le biscuit sans consistance. Objet de savoir-faire, de délicatesse, elle sortait aux grandes heures de nos cuisines. Peser 28 g de beurre, 12 g de sucre, 66 g de farine d'épeautre, c'est ça, la beauté, la gloire de l'élaboration des goûts. Et puis un jour, elle nous a lassés, avec son plastique orangeâtre et son caractère tatillon. Alors on a recommencé à balancer des poignées au jugé, des quantités à la louche, comme nos grands-mères, et on s'en porte encore très bien.

Ils seraient plus utiles chez vous que dans un musée.
LE PÈSE-PERSONNE TERRAILLON T 111 EST EXPOSÉ AU MUSÉE D'ART MODERNE DE NEW YORK.
LE MINUTEUR TERRAILLON EST EXPOSÉ AU MUSÉE D'ART MODERNE D'AMSTERDAM.
LA BALANCE DE MÉNAGE TERRAILLON EST EXPOSÉE AU MUSÉE D'ART MODERNE DE NEW YORK.
Terraillon.
Un appareil de mesure doit être précis. Un appareil de mesure peut être beau.
VENDU EN FRANCE, BELGIQUE, SUISSE ET LUXEMBOURG. PÈSE-PERSONNE : DE 35 A 115 F. MINUTEUR : 33 F. BALANCE DE MÉNAGE : 70 F.

LE BI-BOP...

Les Bi-Bop (1991-1997) étaient la réponse de la France au truc le plus cool du monde, à cette époque : le téléphone portable. Donc, logiquement, ils étaient laids (un vert qui rappelait la couleur obtenue par les enfants suicidaires quand ils mélangent toutes les couleurs de pâte à modeler), pas pratiques (on pouvait seulement appeler, puis on pouvait être appelé mais à condition d'attendre à côté d'une borne et d'accepter d'être pris pour une prostituée), et limités à trois villes : Paris, Lille et Strasbourg. Wikipédia affirme que Le Touquet-Paris-Plage a fini par être couvert, mais on n'est pas obligé de les croire. On peut les croire en revanche lorsque, à l'article « Le Touquet-Paris-Plage », ils affirment qu'il a déjà fait - 19,1 °C dans cette station balnéaire. Ça donne juste une idée du sadisme de ceux qui ont inventé le Bi-Bop. Sadisme qui s'est confirmé par la suite dans les couloirs de France Télécom. Qu'importe, il faut l'avouer : en 1997, je faisais partie des 47 000 minables encore abonnés (on visait les 500 000, au départ).

... ET LES PREMIERS TÉLÉPHONES MOBILES

LE BIDET

Le bidet est lié à la sensation un peu cradingue que l'on éprouve en entendant le mot « hygiène ». Tout ce qui est « hygiénique » génère du malaise, et personne n'aime qu'on lui dise : « Tu as une bonne hygiène ? » Le bidet, à ce titre, ne fait jamais partie des choses que l'on montre fièrement quand on fait visiter son appartement. Relief d'un temps où les femmes se précipitaient dessus après l'amour, et où les hommes puaient des pieds, il bouffe du mètre carré en appartement et, au prix où c'est, pourrait aussi bien disparaître à jamais. Sauf en cas d'invasion des Qataris, qui en raffolent.

LE BONNET DE BAIN À FLEURS

Faire du sport, c'est aussi ennuyeux que d'attendre un chauffeur d'auto-école sous la pluie. Le faire en maillot, c'est humiliant. Nager, c'est la tasse. Le bonnet de bain, c'est le fond du trou. Mais comme il existait des dames qui trouvaient qu'on pouvait toujours descendre plus bas, certaines portaient des bonnets de bain à fleurs, fabriqués à base d'amiante. La plupart sont mortes. Seules, bien sûr.

LES BONS POINTS

Les bons points récompensaient les enfants, mais les enfants d'une autre époque.
Aussi incroyable que cela puisse paraître, il y eut à un moment une notion aussi répressive que celle de « bon comportement ». Quelqu'un avait décrété qu'il était bon d'écouter en classe, qu'il valait mieux dire « Merci, madame » que de grommeler : « Azi, tu me soûles ! » C'était avant, quand la société était pyramidale, que les adultes commandaient aux enfants, quand il n'y avait que les gens compétents qui avaient du boulot, et quand on se permettait de punir les méchants (alors que c'est quand même pas leur faute, non ?). C'est drôle mais j'avoue que, dès que je parle des bons points, je deviens réac.

LE BOTTIN

Le bottin a deux raisons d'être démodé : c'est un livre, et il recense les numéros de téléphone fixe. De plus, c'est incroyable ce qu'un vieux bottin peut réveiller comme pulsions suicidaires. Laid, rempli de noms d'inconnus probablement déjà décédés et de commerces fermés depuis belle lurette, il prend la poussière et a le profil du truc qu'on laisse sur place, avec le seau plein de peinture séchée et les fils électriques qui sortent du mur, quand on déménage. Alors il reste l'annuaire que l'on fait déchirer au concours de l'homme le plus fort du monde. L'homme fort ouzbek, norvégien, ou islandais. À ce propos, je possède un bottin islandais. Les 320 000 habitants de l'île, y compris Björk Guõmundsdóttir, y figurent tous. Par ordre de prénom, ce qui est unique au monde.

LE BRIQUET À ESSENCE

C'est toujours agréable d'allumer la cigarette d'une belle femme, dans une soirée chic, avec un briquet qui sent le garage ou la raffinerie. C'est sans doute la clé du succès auprès des femmes de certains grands tombeurs. Un homme qui a un briquet à essence est souvent un homme complexe, très indépendant, multitalent, capable de réparer un vélo, de distiller de l'alcool de pommes de terre clandestin, ou même de faire disparaître un corps dans l'acide.

LA BROCHEUSE-ÉPINGLEUSE

Honnêtement, un bel objet, un vrai investissement si l'on en juge par son prix, qui fait la fierté du bureau de l'homme politique gaulliste, du critique en philatélie pour *Le Figaro*, ou de l'architecte DPLG. Le geste de glisser les feuilles d'un dossier ou d'un texte que l'on vient de terminer et de donner le coup sec du plat de la main sur la tête de l'agrafeuse a toujours eu pour moi un peu de la grandeur républicaine de la guillotine, époque Terreur de Robespierre.

LA BROSSE À VINYLES

Le vinyle était une maîtresse exigeante, qu'il fallait éviter de brusquer, de rayer (sinon, comme votre amante de la vraie vie, la musique se mettait « en boucle »), qu'il fallait caresser, polisher, afin de ramasser poussières et électricités statiques. Le geste était lent, consommé, et présageait une belle écoute. Le problème était que cette foutue brosse ne trouvait jamais vraiment sa place dans le coin stéréo. Et qu'elle n'était jamais là quand on en avait vraiment besoin. Par exemple quand la voix de Frank Sinatra s'étouffait soudainement, absorbée par un mouton de poussière, en pleine approche sensuelle sous Grand Marnier. Le temps de retrouver la brosse, qui avait glissé sous le meuble à disques deux ans plus tôt, la proie s'était rhabillée et avait appelé un taxi.

LE BUSTE PIERROT GOURMAND

Le signe d'une boulangerie à fuir, avec le « gland » en pâte d'amandes, les meringues géantes de couleur, les boules de coco desséchées et le pudding marron. Ce buste, percé de sucettes comme saint Sébastien de flèches, montrait plus la souffrance du Pierrot (qui n'avait déjà pas une tête à avoir beaucoup de copains) qu'il n'incitait à acheter des sucettes. Eh bien, je l'aimais quand même.

LES CADEAUX BONUX

Me prénommant Ariel, j'ai eu à subir beaucoup de vannes à base de lessive dans ma vie. J'aurais voulu avoir au moins un copain qui se serait appelé Bonux pour en parler. Mais aucun parent n'a eu la cruauté des miens, qui avaient délibérément plongé leur nourrisson dans le monde du sarcasme Procter & Gamble. À dire vrai, c'eût été un mauvais calcul car, lorsque j'étais enfant, Bonux donnait des cadeaux, et son seul nom faisait s'épanouir les visages enfantins. Qui n'avait pas fouillé dans le fond du paquet rempli de poudre toxique, avant d'en extraire une mini-voiture ? Et qui n'avait pas léché ses doigts ne connaissait pas le plaisir des fièvres et des diarrhées, idéales pour éviter un contrôle de maths.

1961

Des 500 cadeaux BONUX...
pour qui celui-ci ?
BONUX
LA VRAIE BLANCHEUR DU PROPRE
UN CADEAU DANS CE PAQUET
ENCORE 10 NOUVEAUX CADEAUX !
500 CADEAUX DE QUALITÉ !
Ah ! comme chacun est impatient de découvrir le cadeau Bonux. Car Bonux a pensé à tous dans le choix incomparable des 500 cadeaux qu'il est le seul à vous offrir. Oui, seul Bonux vous offre autant de cadeaux différents, aussi souvent renouvelés.
Et quelle qualité ! La finition irréprochable des cadeaux Bonux fera votre admiration. Objets utiles ou jouets amusants, les cadeaux Bonux garderont longtemps leur place dans votre maison.
ET POUR VOTRE LINGE, LA VRAIE BLANCHEUR DU PROPRE !
La mousse de Bonux, si active et si pénétrante, débarrasse chaque fibre de la moindre impureté. Voilà pourquoi Bonux donne à votre linge cette blancheur nouvelle et inégalée : la vraie blancheur du propre.
Pour les parents : gants de toilette, couteaux à fromage, cuillères, brise-jets, mètres de couturière, stylos à bille.
Pour les enfants : avions de chasse "Trident", cabriolets "Floride", jeux de quilles, jeux de cartes, berlines "Dyna-Panhard".
dorland B 120
Alors, achetez vite Bonux, "la-lessive-aux-500-cadeaux".

LA CALCULATRICE MÉCANIQUE

« Cette machine, mise au point en 1954, dispose de trois cadrans : celui en haut à gauche permet d'afficher les résultats, celui de droite s'incrémente en fonction du nombre de tours de manivelle et celui du bas affiche les nombres écrits avec le clavier. Trois manettes permettent d'effacer séparément chacun des trois cadrans et une manivelle permet de réaliser les opérations. » Signé Wikipédia.
Je me demande s'il existait une machine à comprendre comment fonctionnait cette maudite machine à calculer suédoise.

LA CAMÉRA SUPER-8

« Wouah, génial, t'as vu ? Une caméra super-8 ! Je le crois pas ! » Et ma main dans la gueule, tu la crois ? Une caméra super-8 (1965-2006), c'était juste un téléphone portable en franchement encombrant, moche et beaucoup moins bien. Ah, si ! L'avantage, c'est qu'on avait des petites bobines chez soi qui s'emmêlaient, s'abîmaient et finissaient bouffées par le chien qui en mourait. À part ça, que de souvenirs !

LA CARTE D'IDENTITÉ CARTONNÉE

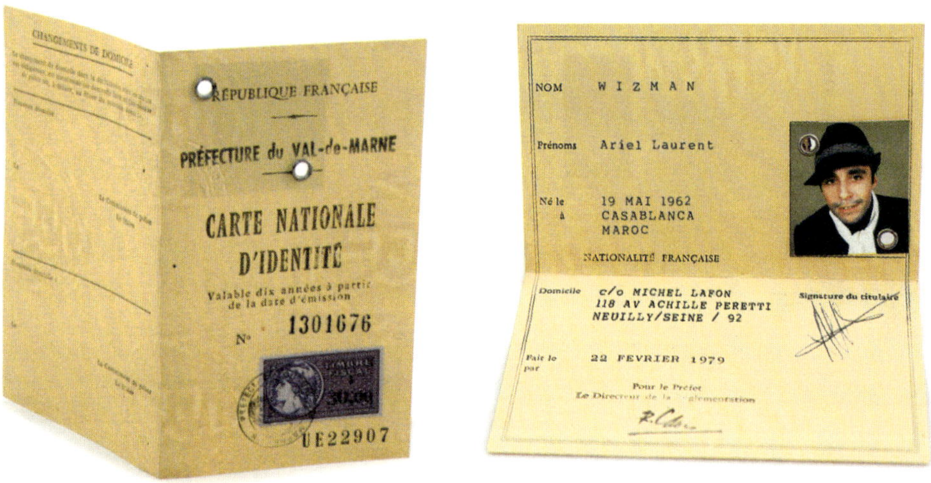

1955-1995. Comme le permis de conduire rose, on la croyait moderne. À bien la regarder aujourd'hui, elle ressemble au truc que tendent les Français occupés aux Allemands dans les films genre *Lacombe Lucien*. Elle rappelle le képi. Ce beige, bien que caractéristique des trente glorieuses, avait pourtant tout de la période de disette et de rationnement. Mais le vrai sujet, ce n'était pas la carte elle-même mais la tête qu'on avait dessus. On peut la regarder de temps à autre en se disant qu'après tout, on est mieux maintenant.

LA CARTE ORANGE ET LES ANCIENS TICKETS

Dois-je une fois de plus revenir sur les problèmes de perception des couleurs en milieu administratif ? S'étalera-t-on indéfiniment sur le vert du Bi-Bop, le marron du Minitel, le jaune de la Poste ou celui de ces tickets de métro apparus puis disparus de honte, en pleines années 80 ? Et cette carte « Orange », en vigueur de 1975 à 2010 ? Était-ce une façon de torturer le citoyen de classe moyenne, de lui dire : « Au propriétaire de Ferrari le rouge des bolides, à toi l'orange de la honte. Tu seras puni d'habiter loin, là-bas, dans les banlieues de la zone 4. Ton titre de transport aura la couleur du kumquat traité aux pesticides, du teckel trempé dans la Javel, et de l'anorak qu'on offre à son anniversaire à un aveugle pour se foutre de sa gueule » ?

LA CARTE ROUTIÈRE

La carte est plus belle que le GPS parce qu'elle est le territoire, parce qu'elle étale sous vos yeux, physiquement, la grandeur des paysages. Sisteron-Thonon-les-Bains, c'est une abstraction avant d'en avoir évalué les distances et le trajet sur une carte Michelin ou autre. Poésie de la carte routière… Bon, tout ça est vrai. Mais la carte trop pliée et dépliée, moisie dans la boîte à gants, qui part en lambeaux, qu'on n'arrive pas à replier dans le bons sens, déployée par un conducteur débordé dont ce sera le dernier geste avant de s'emplâtrer dans un platane, ce sont des réalités qu'il ne faut pas non plus ignorer.

LA CARTE TÉLÉPHONIQUE

Pour qui aimait les odeurs de tabac froid, les staphylocoques et la claustrophobie, les cabines téléphoniques étaient un avant-goût du paradis. Pour ceux qui aimaient téléphoner au Burkina Faso aussi. Et je vous parle pas des mythomanes qui avaient peur d'être sur écoute, ou des psychopathes qui s'y abritaient pour téléphoner tranquille depuis leur portable. La carte qui allait avec, souvent décorée d'images de Djerba ou de Bobo-Dioulasso, avait pour particularité de se décharger en un clin d'œil. Surtout quand elle provenait d'un revendeur borgne de Belleville.

1980

Cet appareil écon
des tonnes de pét
Cet appareil, vous le rencontrerez maintenan
partout : au sortir d'un village isolé comme au lon
d'une grande artère commerçante.
Les 84.000 cabines téléphoniques en service
Au service de l'Economi

dans toute la France vous mettent instantanément
en contact avec les 14,5 millions d'abonnés français
et 73 pays étrangers. Décrochez... composez le nu-
méro... laissez sonner... vous êtes arrivé.

PTT: les hommes qui relient les hommes.

LES CASIERS STRAFOR

Les casiers Strafor étaient le décor type du bureau comptable d'une usine de lacets de chaussures dans les années 60-70. On reconnaissait une entreprise prospère sur le long terme au bruit des tiroirs qui s'ouvraient et à la rouille sur les côtés.

Mme Berthier, la secrétaire, en avait le secret du classement et gare à M. Plantin s'il se risquait à y foutre le bordel !

Les casiers Strafor ont le mérite de pouvoir se targuer d'avoir contenu toute la florissante économie française des belles années, celles où l'on changeait de travail au gré des envies, et où l'on savait faire l'amour avec n'importe qui.

1978

L'ANTI-BUREAUCRATIE
La bureaucratie, c'est ce monde froid et rigide que nous voulons faire disparaître.
Pour briser l'anonymat, les techniciens Strafor aménagent votre bureau en fonction de votre personnalité. Selon que vous êtes un homme ou une femme, PDG ou styliste, avocat ou secrétaire. Pour combattre la froideur, Strafor vous propose un mobilier bien plus accueillant.
Chez Strafor, on est résolument contre la bureaucratie.
170 points de vente en France et à l'étranger, à Paris 134 bd Haussmann, tél. 924.72.83.
les mobiliers
STRAFOR
groupe forges de strasbourg.

LA CASSETTE AUDIO

Introduite en 1963, la cassette audio a bouffé le disque vinyle, avant de se faire bouffer par le CD, lui-même bouffé par Internet. C'était la version basse technologie du piratage. C'était au téléchargement ce que la marche avec des béquilles est à la Formule 1. Mais avant ça, la cassette audio était un truc encombrant, pas commode car impossible à caler, qu'on remontait au crayon jusqu'à l'endroit qu'on cherchait et qu'on ne trouvait jamais. Mais jamais. Alors on s'énervait, et la cassette audio finissait en pelote de bande magnétique, qu'on demandait à la petite sœur de démêler sinon une tarte dans la gueule. Elle choisissait la tarte. Si vous êtes de ceux qui trouvaient que ça avait un charme fou, et qu'en plus on faisait des œuvres d'art avec dans les asiles (genre *Autoportrait en bande magnétique*), c'est aussi ce qui vous attend.

LA CASSETTE VHS

Lorsque la cassette VHS est apparue sur le marché français en 1978, il était difficile de ne pas être enthousiaste : lourde, tout en plastique noir moulé, opaque et peu commode, impossible à rembobiner sans réveiller les voisins, prompte à s'emmêler en pleine diffusion de *La Fureur du dragon*, tout le monde l'adorait. Et ça prenait quand même moins de place qu'une bobine de film et sa boîte en fer. Aujourd'hui, alors qu'on peut mettre une centaine de films sur une clé USB de la taille d'un pénis de nourrisson, la cassette VHS n'est plus un signe extérieur de richesse ni de coolitude. Ceux qui en ont encore font l'objet de railleries. Et à part quelques exceptions méritées comme *Uçan Daireler Istanbul'da* (« Des soucoupes volantes sur Istanbul », film turc de Orhan Erçin de 1955), tous les films ont été retranscrits dans un format encore plus pathétique : le AVI.

LE CD SINGLE ET LE MINIDISC

Ah, les « formats », à chaque fois « révolutionnaires » ! Chacun disant « je suis le dernier », « je suis éternel », « après moi plus rien » et auquel on avait juste envie de répondre : « Non mais t'as vu ta gueule ? ». Le CD single, qui était au Maxi Vinyl ce que le steak haché est à la côte de bœuf, et le MiniDisc (1992-2011), qui ressemblait à une disquette pour enfant, étaient juste des blagues, des errements, des demandes désespérées de l'industrie musicale : « Nouveau format ! Rachetez tout les Beatles, les Stones, les Clash & Co ! » Pas de nouvelle musique, donc un nouveau format... À ce propos, d'ailleurs, un jour... Euh... pardon je m'arrête là. En fait, je n'ai vraiment aucune anecdote perso qui me revienne avec un MiniDisc.

LA CHASSE D'EAU SUSPENDUE

Je trouve que la vie était plus belle à l'époque des chasses d'eau suspendues. On savait d'où venait l'eau. On pouvait y caler sa canette au frais, à l'abri des regards indiscrets. C'étaient de beaux réservoirs bien amples, toujours en fonte ou dans un plomb favorable au saturnisme. Avec la poignée et la chaîne, on pouvait avoir l'impression de déclencher la tornade avec la même élégance que l'on met dans le geste qui permet d'appeler un domestique. Le seul inconvénient était l'étron, qui restait systématiquement là, insensible, pas impressionné, et franchement pas décidé à laisser sa place pour si peu.

LE CHEWING-GUM EN TUBE

Le problème du chewing-gum en tube est toujours le même : la déperdition. Au bout du tube, le fond restait inaccessible, ce qui contraignait à ouvrir le tube pour gratter quelques grammes de délicieuse gomme à mâcher. D'où ma question : si on doit finir par le découper, à quoi sert un tube ?

C'est peut-être pour cette raison que certains lui préféraient le « roll'up ». Notez que si l'un et l'autre sont toujours commercialisés, le personnage de Léo, lui, a bel et bien disparu des emballages.

LA CHIGNOLE

Après des décennies d'étude du comportement du primate français, les ethnologues sont formels : la personne qui a une chignole dans une famille française est la personne dominante. La respecter est essentiel. Car une simple chignole, au fond d'une cabane à outils, peut faire du Mimile le plus ordinaire un personnage charismatique, aussi miraculeux qu'une Valérie Damidot débarquant dans une caravane de Roms. Même abusif, râleur, envahissant, un père qui vient chez vous, sort silencieusement la chignole et perce le trou qui va vous permettre d'accrocher le porte-torchon Ikea qui rend la vie si belle, ça se respecte.

Je n'ai par ailleurs jamais rencontré quelqu'un qui ait fait l'acquisition d'une chignole avant cinquante ans et trois enfants mariés. Je sais pas, ces trucs doivent se vendre sur présentation d'une carte de famille nombreuse, avec titre de propriété d'un pavillon et certificat d'entrée en préretraite. Ce qui expliquerait, par exemple, pourquoi JoeyStarr ou Pete Doherty n'en ont pas.

LE CHOUBIDOU

Le choubidou fait partie des inepties des années 80. Ce porte-clés en ressort s'accrochait en général à un passant du jean « neige » porté très haut et très court sur les chaussettes de tennis.
Extensible, le choubidou permettait de ne pas perdre ses clés. Il est apparu dans les cours de récré en 1983. Il aura tellement de succès que, très bien conseillée, Annie Cordy lui dédiera une chanson stupide en 1984.

LES CIGARETTES P4

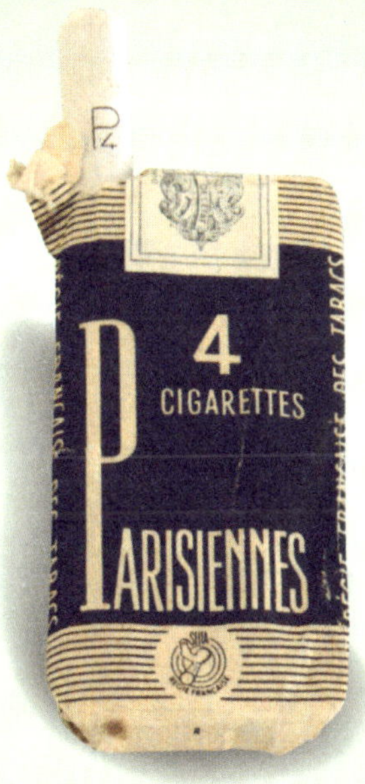

Réservées aux militaires, puis accessibles dès les années 50 aux adolescents candidats au cancer précoce du poumon, les P4 étaient des cigarettes à base d'herbe sèche et sans doute de poils, vendues par quatre, dans tous les tabacs proches des collèges. Le fumeur de P4 se reconnaissait facilement à son teint jaunâtre et à la bande dessinée pour adultes (*Blaise*, le chaud lapin, ou *Inferna*) qui dépassait de sa poche. En général, le fumeur de P4 parlait en centimes, jamais en francs, et ne voyait pas très loin dans son avenir (exemple : « Je prends le car tantôt. C'est 30 centimes l'aller »). Avec juste raison, car souvent l'alcool, la chevrotine ou une vilaine blennorragie l'arrachaient à l'affection des siens avant sa majorité.

LA CLÉ À SARDINES

Une fois qu'on a inventé les boîtes de conserve, on s'est rendu compte qu'on ne savait pas vraiment comment les ouvrir. C'est pour ça qu'il y a tellement de gens avec les doigts pleins de cicatrices. On en a vu, des boîtes de sardines qui se terminaient dans le sang et le tétanos. Parmi les moyens les plus absurdes, il y avait la clé à sardines : l'accident arrivait quand on voulait séparer la clé et le haut de la boîte, qu'on avait roulé et dont les bords étaient aussi dangereux que la scie de *Massacre à la tronçonneuse*.

LE COCO BOER

« {Karglo de nuit} sous coco mais pas Bauer,
Accélère, rallume la lumière,
Tous les dégoûts sont dans ma nature... »

Quelle plus belle consécration pour cette poudre de réglisse à mélanger à l'eau que cet hommage du groupe le plus injustement méconnu du rap français, les Svinkels (« Krevard », dans l'album *Tapis Rouge*) ? Le Coco Boer faisait la bouche marron, mais avait l'avantage de ne pas se partager. Car qui avait envie de mettre sa langue dans de la poudre de réglisse où avait déjà traîné la vôtre ? Le Coco Boer était donc un plaisir solitaire. Aucun rapport avec ce qui précède, mais c'était également le nom de scène de Daniela Lumbroso, quand elle chantait l'immortel « C'qu'est con riguediguedon ».

LES CONSOLES ATARI, SEGA ET NINTENDO

Quel deuil les enfants ont-ils commencé à porter dans les années 70 pour que la chose vers laquelle ils reviennent en permanence porte le nom de « console » ? Regardez bien cet objet. Grossier, primitif, lourd et gauche, il a pourtant connu une adhésion immédiate, enthousiaste, qui ne s'est jamais démentie. Il a mis seulement quelques semaines à devenir l'Ami, le confident, celui dans lequel on allait s'anéantir quand le sentiment d'ennui et de déchéance nous envahissait, en milieu d'après-midi. Il faut avoir joué aux premiers jeux vidéo pour comprendre que ce qui s'est passé dans les trois dernières décennies est peut-être unique dans l'histoire : à partir d'une activité ludique d'abord pauvre et répétitive, on a créé des univers, de la fiction en immersion, qui servent de refuge quotidien à des millions d'adolescents. L'évolution de *Pong* à *Game Of Thrones* est presque aussi bluffante que celle d'un batracien en Kate Moss.

Doyle Dane Bernbach
Les fantômes existent, la preuve, Pac-Man* les mange.
Enfin vous pouvez jouer chez vous sur votre V.C.S. Atari®, avec Pac-Man*, le jeu d'arcade le plus populaire du monde. Imaginez un labyrinthe, des fantômes, des pilules d'énergie, des gauffrettes et des vitamines. Le héros Pac-Man* (c'est vous) est poursuivi par des fantômes.
Il doit manger tous les points qu'il rencontre sur son chemin afin de parvenir aux réserves de vitamines, qui seules lui permettront de dévorer les fantômes !...
Découvrez Pac-Man* chez votre revendeur habituel, la passion du jeu va vous dévorer.
Aujourd'hui, Atari® offre 46 programmes de jeux avec plus de 1500 possibilités différentes et Atari® en invente de nouveaux tous les jours pour faire durer vos loisirs indéfiniment.
En vente dans la plupart des rayons télé, jeux, hi-fi, vidéo, l'ordinateur de jeux Atari® se branche sur votre téléviseur.
Documentation : Atari® - 9/11, rue Georges Enesco - 94008 Créteil.
Et Confirmex - 71, avenue de Cortenberg - 1040 Bruxelles.
ATARI®
A Warner Communications Company
Plus de 1500 jeux vidéo qui déchaînent les passions.
* Pac-Man est la propriété de Namco, Ltd.

MA COUSETTE

Je suis sûr que, dans le futur, des archéologues creuseront sous le site de la maison de Jean-Paul Gaultier et trouveront une « Ma Cousette » en parfait état. Et les musées se l'arracheront.

Quand je pense qu'il reste des gens pour se demander pourquoi Paris est encore la capitale de la mode... Et quand je pense qu'on continue à fabriquer en Chine, au Maroc et au Bangladesh... alors qu'on vit dans un pays où il doit rester quelques bons milliers de « Ma Cousette » inusitées. Cet accessoire indispensable au « devenir princesse » des années 80 a aussi été un catalyseur de « cadeaux-de-fête-des-Mères-dont-on-sait-pas-quoi-faire ». Avec Ma Cousette, la confection d'un porte-monnaie personnalisé ou d'un sac à pain était un jeu d'enfant.

LA COUVERTURE ÉLECTRIQUE

Pisser au lit sous sa couverture électrique et finir en barbecue est sans doute l'une des manières les plus glauques et les plus stupides d'achever son existence. Pourtant, ce genre de court-circuit fatal n'était pas une rareté dans la froide campagne française où, le cubi de vin aidant, on dormait de plomb, sans se déranger pour aller à la toilette, en pleine nuit.

LE DICTAPHONE

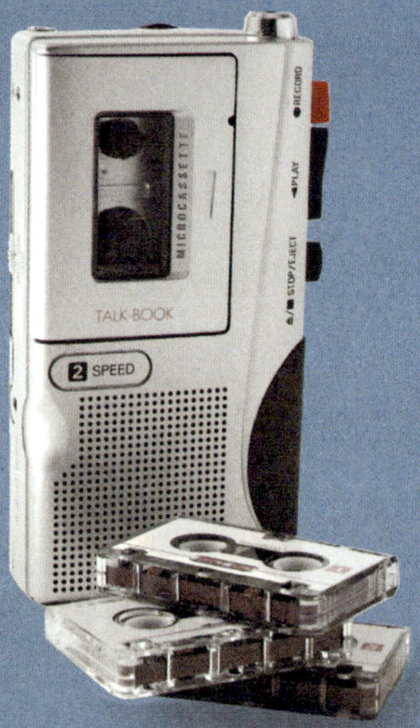

La première fois qu'on a vu cette cassette mini, plus petite qu'un pouce de frère Spanghero, on a tout de suite pensé aux films d'espionnage. Le type, genre Blues Brother super discret, dans la cabine téléphonique, qui écoute sa mission sur une microcassette qui s'autodétruit immédiatement après, dans une fumée tchernobylienne. À l'époque, on voyait également des mythomanes marcher dans la rue en confiant à leur dictaphone quelques éructations à retranscrire plus tard, ou à passer à la secrétaire. Poésie ? Pensées nomades ? Commissions à faire ? On ne saura jamais puisqu'il ne reste plus une seule de ces cassettes dans le monde entier. Et s'il en reste, elles contiennent toutes un bruit de fond insignifiant.

LA DICTÉE MAGIQUE

Jouet éducatif pré-Daft Punk, précurseur versatile de Kanye West et de son harmonizer, chaînon manquant entre Kraftwerk et Maître Capello, la Dictée magique était en son temps une merveille de l'électronique, qui a même donné son nom américain (« Speak and Spell ») à un album de Depeche Mode. L'idée, née en 1978 dans les laboratoires de Texas Instruments, était de déshumaniser la traditionnelle dictée en cachant dans les circuits imprimés d'une machine-jouet bleue ou rouge un Maître Capello engourdi et ronchon qui nous reprenait à chaque erreur.
Samplée par Kraftwerk, la Dictée magique a connu un succès commercial phénoménal, qui a sans doute permis à des ingénieurs en informatique américains moustachus de se payer les meilleures prostituées de Las Vegas, mais n'a en rien fait progresser l'orthographe dans les « territoires perdus de la République ».

LA DISQUETTE

La disquette (1967-2011) n'en menait pas large, franchement. Avec son physique un peu mou (d'où le nom « *software* »), un peu terne, ses capacités limitées, elle semblait déjà s'excuser d'être là, d'exister et avait l'air de dire : « Vous inquiétez pas, les amis, je ne suis pas là pour longtemps. » Et en effet, dès qu'on a pu, c'est-à-dire dès que les capacités de mémoire ont explosé, on a fait un autodafé mondial de disquettes, et les dieux « disque dur » et « clé USB » ont établi leur culte au cœur des bureaux et du quotidien des classes moyennes.

LE DISTRIBUTEUR DE CACAHUÈTES

Oui, je sais à quoi vous pensez tous, en voyant des cacahuètes de bistrot. À de l'urine… ou à *des* urines. Je crois que si un type a vraiment en ce bas monde le métier de « responsable de la communication des arachides apéritives », il faudrait qu'il s'occupe du problème. Ça urge. Pourtant, avant cette pseudo-étude – sans doute un mythe urbain, d'ailleurs – la cahouète de distributeur connaissait un succès inextinguible. D'un seul geste, très masculin, on commandait un demi-panaché, on sortait la pièce de 20 centimes, on la glissait derrière la molette qu'on tournait BIEN JUSQU'AU BOUT pour en avoir plus, et vlan, on envoyait la première cacahuète en l'air et on ouvrait la bouche où elle atterrissait quand tout se passait bien. Puis on empoignait le flipper sur lequel on posait le demi-panaché. Et tac, un clin d'œil pour la petite brune qui louchait sur vous. Magnifique époque, où ce petit enchaînement à deux balles (littéralement, puisque c'était bien le prix du tout) permettait à tout un chacun de se sentir cool, sans se retrouver avec une addition digne de Kanye West à Saint-Tropez.

LES DISTRIBUTEURS PEZ

Jusqu'à ce jour, le distributeur Pez, présent dans tous les bons aéroports, reste le cadeau de retour de voyage le plus commode pour qui a des enfants en bas âge et n'aime pas se ruiner. Cependant, son histoire pourrait bien être celle même du siècle dernier et de ses errances. Pour répliquer au problème alors mondial de la mauvaise haleine, dans l'entre-deux-guerres un Autrichien, Eduard Haas III, met au point ce bonbon avant qu'un de ses compatriotes ne se fasse remarquer comme fléau numéro un de l'histoire de l'humanité. Après la guerre, le Pez devient une alternative à la cigarette. Puis Pez passe contrat avec Walt Disney, qui accepte que chaque enfant décapite toutes les quarante secondes Mickey, Dingo ou Goofy pour rafraîchir son haleine. Pez conquiert ensuite le Japon. Puis les Pez deviennent des objets de collection, et une certaine Mme Omidyar décide de créer sur Internet une bourse d'échange de distributeurs Pez. Son mari, Pierre, en tirera l'idée d'eBay… Entre-deux-guerres, Hollywood, Internet : Pez c'est, en fait, beaucoup de notre histoire. Sans compter ce que lui doivent les dentistes.

LES ENCYCLOPÉDIES

Quand on ne sait rien, on est crédule. Quand on ne sait rien, on veut savoir. Donc, celui qui ignorait tout du PIB du Danemark, ou de la date de naissance de Corneille était « à point » lorsque sonnait à sa porte le bonimenteur chargé de vendre à prix d'or, mais avec facilité de crédit, ces ruineuses encyclopédies, semi-reliées plein Skaï, en vingt volumes, avec porte-clés offert. Ces encyclopédies, élaborées sans doute par des « équipes scientifiques » composées de recalés du bac et d'alcooliques incurables, avaient l'allure de vraies sommes. Les sommes en question pouvaient ruiner une paire de retraités jusqu'au tombeau et rester des siècles dans un meuble normand, en attendant qu'on les ouvre. On aura une idée du vendeur moyen d'encyclopédies au porte-à-porte en imaginant l'acteur Kad Merad — dont ce fut bien le premier métier — en pleine action...

L'ÉTIQUETEUSE MANUELLE

TRÈS GROSSE PROMO SUR CE PRODUIT. Très, très grosse promo. Franchement. Profitez-en. Régalez-vous ! Il n'en reste que quelques millions, pour les chanceux qui savent flairer la bonne occase et sauront se précipiter sur la marchandise.

47 euros… Non ? Vous avez combien ? 3,50 euros ? Bon. Allez, vendu.

LE FAUTEUIL EMMANUELLE

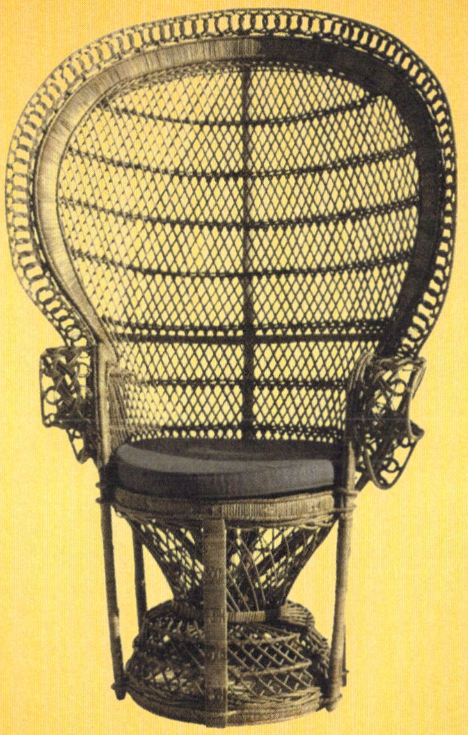

Ceux qui ont lutté toute leur vie pour un érotisme « de qualité », une « sensualité raffinée » et tout ce qui s'ensuit sont morts pour rien. Leur combat fut vain. La pornographie la plus cruelle et la plus débridée a gagné partout. Puis elle a perdu, puisque l'Internet l'a anéantie dans le tourbillon de la gratuité. C'est ce qui rend ce fauteuil « Emmanuelle », au croisement des voluptés asiatiques et scandinaves, tellement sage et profondément désuet. Sur les Champs-Élysées, un cinéma a passé *Emmanuelle* pendant plusieurs années sans jamais le retirer de l'affiche. Cela rendait ce fauteuil en osier emblématique de la plus belle avenue du monde (qui à l'époque l'était vraiment).

LE FER À REPASSER DE VOYAGE

Dans les années 50, 60, 70 et 80, il y avait encore des gens qui repassaient leurs slips et leurs chaussettes. Des types seuls, j'en conviens, souvent représentants de commerce, qui voyageaient beaucoup, entre Lunéville et Plougastel. Pour eux, le fer à repasser « de voyage » était un investissement utile, luxe et mobile. Et au moment où la semelle du fer chauffé à blanc rencontrait la poche humide du slip kangourou, et où la vapeur envahissait la chambre 8 de l'Hôtel du Pélican, ils se sentaient bien, organisés, propres, actifs. Après, ils se mettaient au Minitel.

il a offert du
Thermor
FER "COLIBRI"
1er fer du monde à semelle ACIER INOXYDABLE. Léger, automatique, poignée ouverte. 600 Watts.
FER "VOYAGE"
Ultra-léger, fonctionne sur 110 et 220 V. Plié dans sa jolie housse, ne prend pas plus de place qu'un roman. 250 W.
RADIATEUR "TROPIC"
Élégant, silencieux, portatif. Brasse et réchauffe rapidement l'atmosphère 1.000 ou 1.500 W.
RADIATEUR "NORD-SUD"
Le plus moderne et le plus perfectionné des radiateurs. Thermostat réglable par clavier à 6 touches. 3.000 W.
...ET THERMOR RESTE LE GRAND SPÉCIALISTE
DES CUISINIÈRES tous modèles, CHAUFFE-EAU, MACHINES A LAVER, etc...
FRANCE : Thermor - B.P. 564 - Orléans.
BELGIQUE : B.P. 39 - Verviers.
ALGÉRIE : 12, Rue V.-Hugo, Hussein-Dey.
MAROC : 18, Rue Gay-Lussac, Casablanca.
119

LE FICHU DE PLUIE

Quand s'éteindra la dernière des Vamps, cet accessoire, destiné à protéger les mises en plis violettes de nos anciennes, rendra son dernier souffle. Et ce sera dommage, car le fichu de pluie, plus light que le parapluie – mais en même temps tellement moins efficace en termes de protection –, faisait sans doute vivre des régions entières de France.
Avec un marketing habile, sachant que la population française vieillit et se féminise, son succès futur aurait été inévitable. D'autant que les jeunes, qui s'échangent des 06 de cougars vicieuses au bas du bâtiment B, kifferaient volontiers l'accessoire. Il serait regrettable qu'on ne trouvât plus de fichu de pluie qu'en sex-shop. De quoi aurait-on l'air, rentrant discrètement, par une pluie battante, sous l'enseigne : « Cabines à 2 euros, Kleenex fournis » pour ressortir, courbé, plissant les yeux, arborant le fameux fichu et – au diable l'avarice, yolo, quoi ! – une paire de porte-jarretelles ?

LE FLIPPER

Inséparable de son pote le juke-box, et des deux crétins avinés qui le secouent, faute de pouvoir secouer quiconque, le flipper reste quand même une partie du rêve américain au plein cœur de la limonade française. L'univers du flipper, celui des cow-boys et des superhéros, ne s'est jamais vraiment renouvelé. Peu importe, c'est quand même un sacré jeu de testostérone, pour celui qui attend les résultats du bac, ou l'accouchement de sa fiancée mineure. Ou les deux.

LE FOUET MÉCANIQUE

L'illustration même de l'expression « pas de bras, pas de chocolat ». Le type qui faisait son moelleux avec ce genre d'ustensile devait fouetter les œufs et la ganache si longtemps qu'il finissait sans bras, et par-dessus le marché ratait son gâteau au chocolat. Les bobos adorent.

LES FRANCS

Les francs, c'était la monnaie des Français. 1 franc ? Une baguette. 4 francs ? Un jambon-beurre. Un million de francs ? Un pavillon à Fontenay + une DS + un abonnement à *Paris Turf*. Donc, ceux qui considèrent « qu'on n'est plus chez nous » considèrent qu'en 2002, après le franc « ils » nous ont mis l'euro, une monnaie étrangère. J'en ai vu manifester l'autre fois. Pas jeunes, ils avaient promis qu'ils manifesteraient toutes les semaines, mais ils sont jamais revenus, sans doute suite à des problèmes de décès.

LES GAME & WATCH

Si vous voyez deux personnes de sexe masculin, avec les sourcils qui se touchent, un surpoids important, et un jean bâillant sur une « raie du plombier » bien poilue, approchez-vous. Vous les entendrez peut-être se dire des trucs du genre : « Tu préfères *Donkey Kong* sur Multi Screen ou *Popeye* sur Wide Screen ? » ; fuyez ! Car ce sont des collectionneurs de « Game & Watch », des nostalgiques de la console Nintendo à jeu quasi unique, qui, de 1980 à 1991, a fait le succès de la grande enseigne japonaise (près de 44 millions d'exemplaires vendus). N'hésitez pas à faire appel à la force publique, sans perdre votre calme : vous êtes probablement en présence de loups solitaires, qui n'attendent que la prochaine pleine lune pour enfiler un masque *Scream* et fondre sur votre cousine ivre morte pour la violenter. Ils ne sont pas normaux ! Car, à part vous rappeler des moments de très grande solitude enfantine, quel charme peut-on bien trouver à ces consoles dépassées, dont la plupart des jeux sont désormais disponibles sur des consoles plus *up to date* ? Y compris *Super Mario Bros*, né et développé sur « Game & Watch ».

LA GAME BOY

La Game Boy (1990-1999) était un objet statutaire, c'est-à-dire que ça te posait un gosse. L'équivalent d'une doudoune Canada Goose aujourd'hui. Le type qui avait une Game Boy était indépendant. Toujours à la pointe dans son jean taille haute bleu ciel, il vous parlait de nouveaux jeux qui allaient révolutionner l'*entertainment* : « graphisme », « jouabilité », « ludicité » étaient ses mots. Des années plus tard, j'ai compris que le gosse en question parlait de *Tetris*.

LE GANT DE TOILETTE

L'hygiène était très importante dans les années 80. En effet, on sortait d'une époque de hippies hirsutes, négligés et malsains, qui connaissaient beaucoup mieux la discographie des Pink Floyd que l'usage de la brosse à dents. Des souillons altermondialistes qui fréquentaient les Gnawas, ramenaient des poux du Guatemala et nous faisaient suffoquer dans les odeurs de bazar afghan. Il nous fallait du clean, à l'image de nos idoles : Andy Warhol, Kraftwerk, Alain Chamfort et Karl Lagerfeld. Il nous fallait le gant de toilette. Je ne connais pas de grand collectionneur de gants de toilette, mais je suis convaincu qu'un gant de toilette ayant appartenu à Sid Vicious ou à Chantal Goya doit valoir de l'argent.

LE GRILLE-PAIN MANUEL

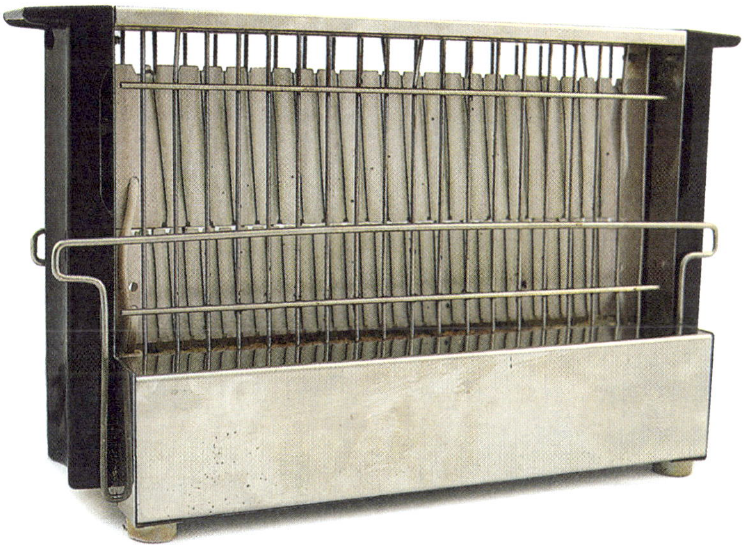

Je donne un billet de 100 euros à chaque personne qui aura *vraiment* réussi ses toasts avec ce grille-pain. Celui-ci présente, outre l'avantage de son efficacité, la particularité suivante : si vous glissez un couteau à manche de métal pour dégager votre toast, et que vous touchez malencontreusement l'un des fils de la résistance, vous prenez une splendide châtaigne, qui vous recoiffe dans l'instant, poils compris.

Il faut également ajouter que pour ceux qui aimaient leur toast beurre-confiture juste en sortant de la douche, cette merveille de l'électroménager aurait pu se révéler un implacable serial killer.

LE JEU DE L'ÉLASTIQUE

Jeu codé, jeu de complicité, jeu d'énergie, jeu de pauvres : le jeu de l'élastique aurait pu sauver les banlieues, « recréer du lien », rétablir le dialogue entre la France d'en haut et la France d'en bas... et tant d'autres choses, qui n'ont jamais eu lieu, sans doute du fait d'une volonté politique ou d'une sclérose globale du corps social. Le jeu de l'élastique gêne trop de gens, on le sent bien. Son message collaboratif, sa structure en réseau, son caractère nomade, insaisissable, tout cela fait peur. Pour cette raison, il a disparu, remplacé par de plus consensuels ghetto-blasters, fusils à pompe et autres pitbulls en laisse.

LE JUKE-BOX

Avant d'être une pièce de collection trônant dans le salon du ranch normand d'Eddy Mitchell, le juke-box était une sorte de borne interactive, de fontaine à musique, autour de laquelle des bouseux en blouson Teddy se foutaient des pains dans la gueule. Du reste, les Deezer, MusicMe et autres Spotify, qui se revendiquent « juke-box du Net », le considèrent comme leur ancêtre. À ceci près que ni Deezer ni Spotify ne sont propices à emballer une belle rurale après trois panachés sur fond de Gérard Lenorman. Alors c'est ça, le progrès ?

LE JUMP JUMPER

Pourquoi, en 1987, tout le monde voulait-il un Jump Jumper ? Ce jouet avait plein d'avantages : il permettait de se fouler la cheville, de faire des sauts minables, de péter le parquet et de se prendre une plainte des voisins. La pub qui le vantait aurait dû être interdite. Quand on se rendait compte qu'on avait acheté ce qui se faisait de plus diabolique dans l'industrie du jouet, il était déjà trop tard.

LA LUCIOLE

De son vrai nom Luxi le Ver luisant, c'était un animal charmant, une peluche-lampe qu'on donnait aux enfants des années 80 effrayés par le noir. Les résultats étaient positifs : les enfants n'avaient plus peur du noir… mais de Luxi le Ver luisant, qui continue encore de hanter les rêves de certains adultes de la génération Chantal Goya.

6.002 - R. L Dupuy
IBM
toujours des compliments pour Claudine... et son courrier.
Je n'ai guère de mérite... c'est l'œuvre de ma nouvelle machine à écrire IBM électrique.
La frappe électrique donne aux lettres et aux rapports que je tape cet aspect impeccable des textes imprimés: les caractères se détachent, bien dessinés, régulièrement encrés, les mots importants en majuscules prennent du relief, les paragraphes ressortent nets et clairs...
Ma nouvelle machine IBM — elle est irrésistible — possède encore bien d'autres perfectionnements qui m'aident à présenter le plus beau courrier.
machine à écrire
IBM électrique
5, Place Vendôme - Opéra 17-90

LA MACHINE À ÉCRIRE

Le style « jeune écrivain », avant, ça se travaillait : il fallait une bouteille de bourbon, une maîtresse plutôt âgée, une vieille voiture de sport, et une machine à écrire sur laquelle on s'excitait, la clope au bec. Le problème, c'est que les capacités de traitement de texte étaient très limitées, et que les « manuscrits » (exemplaire unique) étaient encombrants, incorrigibles, et se perdaient souvent. Il fallait tout recommencer. Mais comment a-t-on fait autant de bonne littérature avant Apple ?

LE MACINTOSH CLASSIC

1990-1992. Ce gros parallélépipède a révolutionné le monde avec une… souris. Si t'avais une souris t'étais libre. Comme le montrait la pub, avoir un Mac, c'était le seul moyen de contester l'omnipotence de Big Brother. Avec le Macintosh, *1984* ne serait pas *1984*. Avec juste raison. Il a fallu attendre 2001 avec l'iPod, 2007 avec l'iPhone, 2010 avec l'iPad, pour que le monde ressemble à *1984*, avec ceci de cruel que chaque utilisateur se croit sincèrement unique au monde. LOL.

1999

* Pensez différemment. ©1999 Apple Computer, Inc. Tous droits réservés.
www.apple.fr
Miam Miam.
Le nouveau iMac. Maintenant en 5 nouveaux parfums. Think different.

LE MAGNÉTOSCOPE

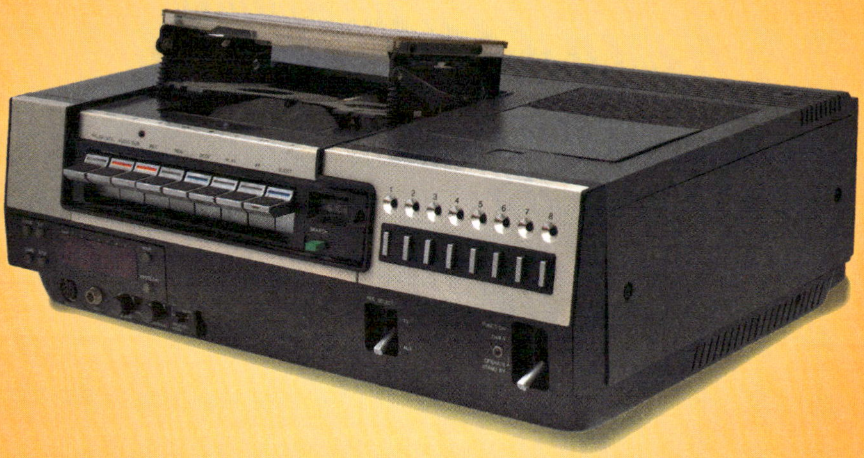

1976-2008. Chaque fois que l'on actionnait une commande, « Play », « Rewind » ou « Stop » par exemple, sur un magnétoscope, on avait l'impression de déplacer un tank dans un marécage, ou d'assister à la destruction d'une voiture à la casse. Le « clac » du magnétoscope fait partie de ces bruits irremplaçables et disparus à jamais, comme le bruit de l'œuf dur cassé sur le comptoir, cher à Prévert, ou celui d'un maxillaire heurté par un bon vieux coup-de-poing américain. Retrouver un moment dans un film, avec les touches « FF » et « RW », était aussi un moment de choix, comparable au plaisir de faire un créneau avec un poids lourd alors qu'on est aveugle de naissance. Une chose sauvait tout de même le magnétoscope du risque de s'installer dans nos salons : aucun designer n'a jamais même songé à essayer de rendre cet objet esthétiquement acceptable.

LA MAIN COLLANTE

La main collante avait un grave défaut. Elle collait, certes, quand on la jetait sur le mur. Mais elle se faisait coller également par toutes les saletés environnantes. Une analyse de labo, réalisée sur un échantillon de « main collante » en 1986, a révélé la trace d'excréments de termites, de miettes d'avoine moisies, et de rognures d'ongles décomposées. Je viens de poster une annonce pour en vendre une sur eBay.

LE MANGE-DISQUE

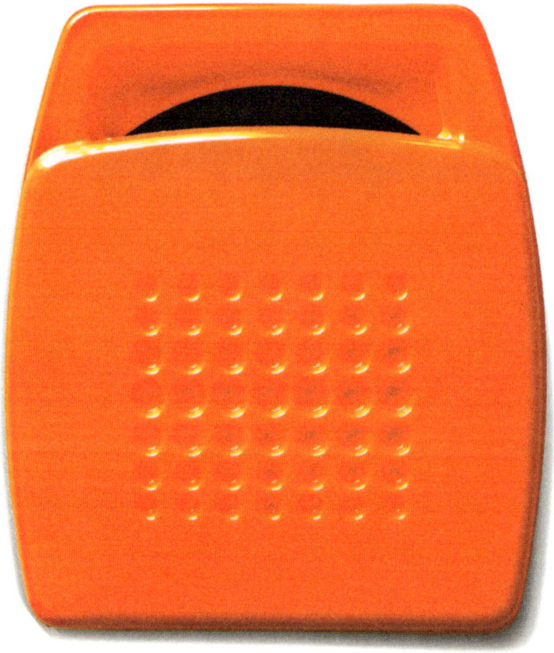

La version cannibale du tourne-disque. Et une bonne image de ce que Freud nomme le fantasme du « vagin denté », ce mythe d'une dentition menaçante cachée dans l'intimité des dames. Moyen de dissuader l'éventuel violeur en lui faisant croire que la femme est redoutable, et mutile avec son sexe. L'angoisse de la castration, quoi. Lorsqu'on introduisait un disque dans un mange-disque, on n'était jamais sûr de le revoir... Et comme ces objets servaient souvent à créer l'ambiance musicale propice aux premiers émois sexuels, ils étaient logiquement le prélude à un assaut anxieux, raté, qui avait le temps de se terminer avant la fin du 45 tours.

LE MARTINET

« Éduquer, c'est punir », me disait l'une des plus vieilles maîtresses fouetteuses de Paris, tout en démolissant un sénateur de province aux yeux bandés. Le martinet, qui servait à éduquer les enfants, s'est recyclé en sex-toy avec l'interdiction des punitions corporelles. Il faut savoir quand même qu'avant d'être vendu en sex-shop, ou envoyé sous pli discret, le martinet ne se trouvait qu'en droguerie, pendu entre les plumeaux et les égouttoirs.

LE MINITEL

« L'Internet des Français », c'était ce truc hideux, moulé plein plastique, couleur gastro foncée. Avec ses préfixes en 36 15, il ne donnait accès à rien d'intéressant, dégradait par sa laideur votre intérieur, et faisait un bruit de dauphin ménopausé. Le Minitel (1980-2012) était le fantasme d'un ingénieur en sous-pull, nourri de macédoine de légumes, qui s'en servait comme dérivatif à une sexualité inexistante. Même pas vintage, cet objet est soit détruit, soit caché par ceux qui en possèdent encore.

1990

MINITEL 2.
Quand la performance et la beauté s'allient à la simplicité.
Ivoire ou anthracite, le nouveau Minitel 2 s'est mis en deux pour vous séduire. Minitel des années 90, il s'intègre parfaitement par la pureté de ses lignes à votre intérieur et à votre quotidien. A la beauté, il sait allier performance et simplicité d'utilisation. Astucieux, sa mémoire vous permet de répertorier les 10 numéros d'appel Minitel que vous utilisez le plus souvent. La consultation des autres services s'effectue par une numérotation directe sur le clavier. Pour plus de sûreté, vous pouvez protéger le Minitel 2 par un mot de passe qui garantit la maîtrise de son utilisation. Vous trouverez le Minitel 2 dans votre Agence Commerciale FRANCE TELECOM au prix de 20 francs par mois seulement. Minitel 2. Il vous facilite la vie.
Minitel. Et le monde est si simple.
FRANCE TELECOM
UN AVENIR D'AVANCE

LA MONTRE-CALCULETTE

Dans quelques siècles, les hommes n'auront plus de doigts. Ces prolongations de membres, qui leur servaient à calculer, auront disparu. La cause : l'apparition de la montre-calculette dans les années 70. Le processus a été quelque peu freiné par leur disparition au début des années 2000. Puis réencouragé aux alentours de 2010 par les geeks et autres hipsters, qui ont décidé que, dans leur dictature, les gens bien se reconnaissaient au port de la montre la plus démodée possible. Résultat : Casio est dans toutes les boutiques hype des grandes métropoles.

LE MOUCHOIR EN TISSU

Je me demande pourquoi, chaque fois que quelqu'un sortait un mouchoir en tissu et se mouchait, on croyait qu'il jouait du tuba dans un tunnel et que le cerveau lui sortait par les narines. Le mouchoir en tissu, c'était le mouchoir de celui qui prenait l'action de se moucher au sérieux, et qui voulait du résultat. Pas question de ne rien trouver dans le carré de popeline après inspection. Et c'était pour ça, pour ces stakhanovistes de la morve, que travaillaient les dentellières et brodeuses de Cholet.

LE MOULIN À CAFÉ ÉLECTRIQUE

Soixante ans de mariage, un matin froid, on ne s'est pas parlé depuis dix-sept ans... Bref on est dans l'univers de Simone Signoret et de Jean Gabin dans *Le Chat*. Accessoire indispensable : le moulin à café. Mécanique, laborieux, bruyant.
Mais nous voilà en 1985, youpi ! Le moulin à café est électrique ! On se reparle ! On s'aime de nouveau ! Mais au fait, ça fait des décennies qu'on le fait, mais ça sert à quoi de moudre son café ? À en « retrouver l'arôme authentique et naturel ». Ah... bon.

OK, PODIUM, SALUT, ETC.

« Karen Cheryl, elle est amoureuse de Michel Sardou. » Ce genre d'infos, ancêtres lointaines du « Allô ? » dévastateur de Nabilla, on les trouvait dans *OK*, *Podium*, *Hit* ou *Salut*. C. Jérôme, en pattes d'eph de jersey-poutre app, y était tout sourire. Claude François faisait pleurer les prépubères un peu moustachues en évoquant sa solitude de *Mal-Aimé*. On annonçait le concert à Arras de Gérard Palaprat pour le 12 juin. Le nouveau 45 tours de Carlos était « sensas », disaient des critiques en variétés, qui ont totalement disparu depuis au profit de sérieux « défenseurs de la scène française », écumant tout l'été de mornes festivals à la recherche du successeur de Bertrand Cantat et d'Alain Bashung. Brrr... c'était mieux avant.

L'ORDINATEUR AMSTRAD

1984-1990. Un taxi anglais c'est gros, pas maniable et plutôt classe. Pareil pour un ordi perso anglais. Amstrad en fut l'exemple, avec un accent tout particulier sur le jeu et l'intégration. Cette machine a été l'un des best-sellers de l'informatique populaire pendant toute la période allant de la puberté de Vanessa Paradis au décès de Gianni Versace. Aujourd'hui, il reste quelques utilisateurs d'Amstrad : l'administration fiscale tadjik, Julian Assange, et un cybercafé à la périphérie de Mogadiscio.

LE PALM PILOT

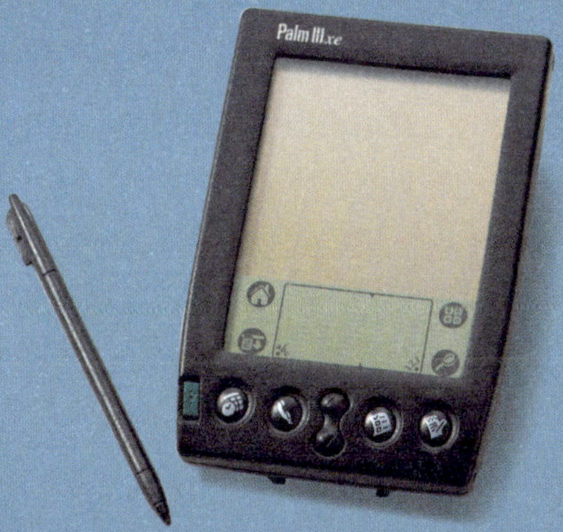

Le Palm (1996-2010) était un mini-assistant personnel, censé piloter votre vie et tenir dans la paume (*palm*) de votre main. D'où le nom Palm Pilot, où l'on retrouve les lettres A, P et L, histoire de convoquer de manière détournée l'envie des gens d'acheter des produits Apple. Mais c'est tout ce qu'il y avait de commun avec l'iPhone, qui a fini par en foutre plein la gueule au Palm Pilot, qui l'avait bien cherché. En tout cas c'était bien la première fois qu'on écrivait sur un écran avec un stylo. Le problème du Palm Pilot, c'est qu'il fallait savoir quoi mettre dessus, genre « RV DRH » ou « Pamela 22 h Tour d'Argent ». Et ça, c'était déjà réservé à une élite.

LE PANIER À SALADE

À une époque, secouer la salade était l'activité principale des Français. On avait vraiment l'impression qu'ils ne faisaient que ça. Métro-boulot-secouage de salade... Il fallait éviter de passer sous les immeubles avec balcons vers 19 h 30 : on était sûr de se prendre des gouttes d'eau terreuse sur le visage. Car poser une feuille de salade bien lavée, bien verdâtre, sur l'assiette à côté d'un steak était le *must* du *must* (avec la noisette de beurre persillé fondante). La batavia bien charnue, bien amère, était super à la mode, et il faut reconnaître qu'il n'était pas rare d'y trouver une limace en cadeau Bonux. Donc le panier à salade (devenu après le car de flics) était patrimonial. Et on pourrait presque le regretter lorsqu'on voit les hideuses « essoreuses à salade » d'aujourd'hui, pour lesquelles personne n'a jamais trouvé une vraie place dans sa cuisine.

LE PATIN À ROULETTES

Le « mystère du genou » a fasciné ma génération. Il se résume à : « Pourquoi, entre cinq et dix-huit ans, a-t-on toujours au moins un genou encroûté ? » Les patins étaient souvent la réponse. Dans l'éducation traditionnelle, avant d'en rouler, on faisait du patin. Maintenant tout a changé : on roule des pelles, et puis, plus tard, on fait du « roller ». Les patins, c'était la mobilité. Et la mobilité, c'est la clé des tendances jeunes : skate, surf, téléphone, CDD. Le jeune est mobile par excellence, et il ne faut pas regarder patins et vélos de haut car ce sont eux, et bien eux, qui ont entamé cette mutation de fond.

LE PEIGNE SOUFFLANT

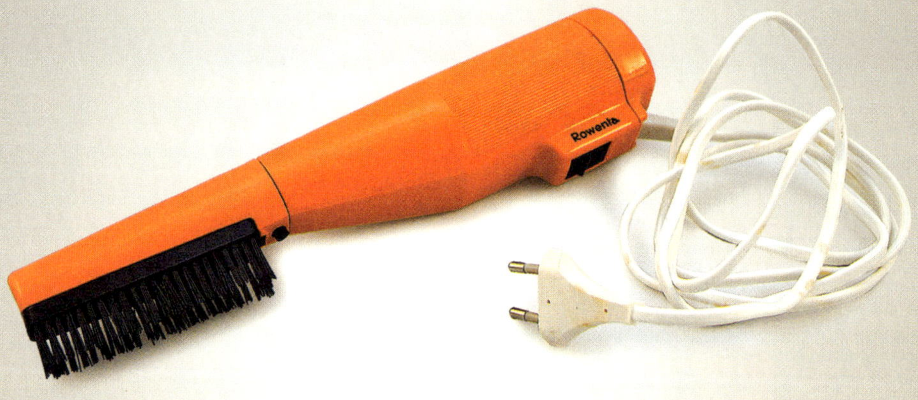

Bien avant les Daft Punk, les gens du show-biz portaient des casques. Et tous les autres, même les hétérosexuels, faisaient pareil. Simplement, c'était avec leurs propres cheveux qu'ils réussissaient cette prouesse. Une sorte de coupe meringuée, qui allait très bien avec le nez de boxeur et le menton en galoche (réf. : Eddy Mitchell). L'astuce consistait à glisser de l'air sous les mèches avec ce peigne soufflant spécial, puis à vider dessus une bombe de laque par jour. Tout le monde était comme ça, même les directeurs d'école, les flics et les bouchers. Il fallait simplement ne pas être vu en train de le faire : ça « dévirilisait ». Chacun se présentait tout naturellement casqué, avec une attitude qui signifiait : « Mes cheveux ont pris l'habitude de se placer comme ça naturellement… c'est dingue ».

une nouvelle façon
de vous coiffer
pour faire vraiment
de vos cheveux
ce que vous voulez en faire
Coiffez-vous,
chaque jour avec
le PEIGNE SOUFFLANT
BaByliss®
les discipliner
les gonfler
les défriser
les modeler
BaByliss "PS"
MADE IN FRANCE
" vous trouverez désormais
la brosse adaptable "

LA PELLICULE ARGENTIQUE

Également appelée « péloche », la pellicule photo avait pour ennemie la lumière, et il fallait un tas de précautions, en l'ouvrant, pour ne pas la ruiner par une exposition non souhaitée. C'était proprement infernal. Eh ben, on aura beau dire que c'était le bon vieux temps, celui de la patience et des choses bien faites, je préfère largement mon smartphone. Que j'ai d'ailleurs donné à développer la semaine dernière, et que j'attends toujours.

1974

VOUS N'AVEZ PLUS BESOIN
DE VOTRE MARI POUR LE PRENDRE EN PHOTO.
Appareil grandeur nature.
L'appareil KODAK POCKET INSTAMATIC 100 EST PRE-REGLE.
Avant, quand vous vouliez faire une photo de votre mari, vous preniez sa place - devant l'appareil - pendant qu'il s'occupait des réglages - derrière l'appareil.
Ensuite, il allait se mettre devant l'appareil et vous, derrière. C'était très compliqué. Souvenez-vous, vous aviez toujours peur d'avoir oublié quelque chose.
Maintenant, il y a l'appareil KODAK Pocket INSTAMATIC 100. Le réglage, c'est Kodak qui l'a fait une fois pour toutes. Le film Kodacolor II est en chargeur.
Il permet d'obtenir de très bons tirages couleur sur papier presque aussi grands qu'une carte postale.
Avec l'appareil KODAK Pocket INSTAMATIC 100, vous pouvez faire des photos de votre mari (sans qu'il s'en aperçoive), et de vos enfants (même quand il n'est pas là).
Dans une poche ou un sac de plage, votre appareil KODAK Pocket INSTAMATIC 100 vous suivra partout.
Partout où il y a des photos à faire.
Coffrets KODAK POCKET INSTAMATIC*
7 PETITS APPAREILS POUR FAIRE DE GRANDES PHOTOS.
Kodak
* marques déposées

1966

une chance
de plus
pour vos cheveux
ATTENTION !
bientôt sur RADIO LUXEMBOURG
RADIO MONTE-CARLO • RADIO ANDORRE
une émission
passionnante :
le
saviez
vous
Pento ?
Pento
HAIR CREAM
Pento... c'est l'homme

LE PENTO

Ancêtre du gel, le Pento était particulièrement prisé par les semi-chauves, disciples de Giscard d'Estaing, qui l'utilisaient pour rabattre leur dernière mèche sur un front dégarni. Il était en revanche boudé par les membres des Forbans et Jesse Garon qui, pour faire tenir leur banane *fifties*, lui préféraient des produits résolument « cartonnants ». Il était également rejeté par la génération libertaire des années 70-80, adepte du naturel dans la coiffure. Mais le Pento leur a survécu, et son succès ne s'est jamais démenti. La preuve : il est toujours en usage.

LE PÉTRISSEUR STERLING

Avant la naissance du professeur Dukan, l'embonpoint et la cellulite avaient cette faculté miraculeuse de disparaître sur simple massage. Ça facilitait les choses. Un coup de pétrisseur Sterling avant votre rendez-vous amoureux et vous passiez du 34 au 26. Le secret ? Des « doigts pétrisseurs interférents », vous ne pouviez pas rater. C'est comme les crèmes pour soutenir les seins, ou les cachets aux ailes de mouches aphrodisiaques, ça marche à 100 % ! Et qui n'aime pas se « pétrir », le soir, en rentrant d'une harassante journée ? Ou « pétrir » sa femme ? Qui n'a pas envie de lancer très fort, en se décramponnant du comptoir : « Bon, j'vous laisse ! Faut qu'j'aille pétrir môman ! »

LA PILE WONDER

Que dire d'une marque française et bien française, fondée en 1916 par Mme Estelle Courtecuisse, antiquaire, cannibalisée par Bernard Tapie et Jacques Séguéla, puis rachetée par une société américaine en 1988 ? Qu'elle est l'exemple même de ce qui se fait de pire en matière sociale. Car elle fut l'une des premières à subir ce mécanisme destructeur qui a enrichi une génération de cafards en blazer : difficultés - rachat - licenciements massifs - remontées en Bourse - revente - disparition. À part celui de la France elle-même, je ne vois pas de pire destin.

LES PIN'S

Qui n'a jamais vécu la tristesse d'un marché de collectionneurs de pin's – comme celui qui se tenait régulièrement à deux pas de l'Élysée – ne saura jamais ce qu'est l'authentique solitude : celle de Napoléon après Waterloo, celle de DSK au cachot, celle du type qui a booké David Guetta pour son anniversaire où personne n'est venu. Pour une raison aussi mystérieuse que l'âge de Mireille Mathieu, le pin's, objet en soi misérable, a capté l'attention des maniaques de la collection. Le phénomène fut tellement massif que l'Académie française se fit un devoir d'inventer le mot « épinglette », aujourd'hui inusité, mais qui témoigne d'une époque où l'on n'avait vraiment rien d'autre à faire que de franciser des choses sans intérêt. Sur la base d'une étude personnelle, je suis en mesure d'affirmer que jamais personne n'a dû une bonne fortune sexuelle au port d'un pin's. Le pin's est désormais l'apanage des seuls psychopathes, qui en recouvrent leurs revers et les lèguent à leurs enfants, franchement gênés.

LES POCHES CARTONNÉS

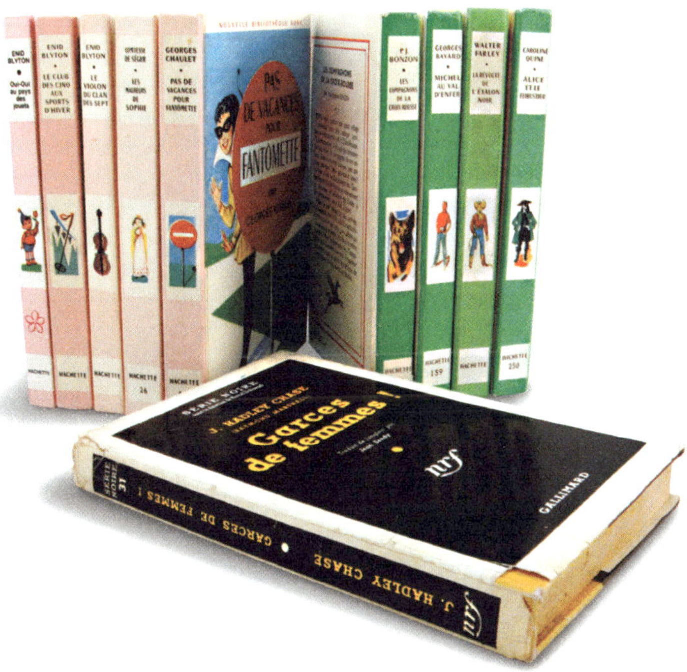

Découvrir l'érotisme sous les jupes poudrées de la comtesse de Ségur, ou encore avec le trouble Club des Cinq et le non moins trouble Prince des Collines, voilà le privilège des maisons de campagne, où traînaient les chefs-d'œuvre de la Bibliothèque Rose et Verte, et des policiers populaires. Pas si mal écrits, pleins de bons sentiments, ils dégageaient une odeur de grenier, un exotisme expéditif. Il arrive toujours un après-midi de vide-grenier où l'on se décide à abandonner ces trésors au village voisin à 1 euro les deux.

LE POLAROÏD 1000

Pour ceux qui n'aimaient ni la lenteur ni la rapidité, le « Pola », apparu en 1972, c'était vraiment génial. Il n'y avait pas l'attente anxieuse des résultats sortant du labo deux jours plus tard. Ni la photo qui apparaissait immédiatement. Non, il fallait la laisser sécher, le temps que les couleurs ressortent. C'était un moment qu'on faisait semblant d'apprécier mais qui était quand même plein de nervosité. Les couleurs surgissaient d'abord dans le flou et le vague, puis en général restaient comme ça, l'air de dire « pas mieux ». Avec en plus des petites taches brunes, comme les taches de vieillesse d'Eddie Barclay. On n'a jamais su pourquoi les gens qui se prenaient en Polaroïd avaient tous les yeux rouges... Sans doute une épidémie.

LE POLYCOPIEUR

Si l'on trouve un plaisir malsain à résider dans des lieux comme les salles des profs ou les arrière-boutiques des locaux paroissiaux ou syndicaux, on fait forcément partie des nostalgiques du polycopieur et des Ronéos. Si l'on a suivi une scolarité en congés maladie perpétuels avec rattrapage des cours sur « poly » à l'odeur si caractéristique, aussi. Sinon cet objet, disparu il y a pourtant très peu de temps, témoigne vraiment de tout l'archaïsme des mondes administratifs d'antan.

LA POMME À GLAÇONS

Son plastique est indestructible, sa couleur ne passera jamais de mode, sa forme a fait le succès – excusez du peu – des Beatles et d'Apple, et pourtant, l'autre jour, je me suis surpris à penser, en la regardant, que ma pomme à glaçons avait franchement très mal vieilli.

LE PORTE-ŒUFS

Ce qui me choque, ce n'est pas la disparition de cet objet, mais de sa fonction. Pourquoi, quand, et comment a-t-on arrêté de porter des œufs ? Quand reverra-t-on, dans les rues de notre beau pays, des femmes et des hommes fiers de porter six, douze ou même vingt-quatre œufs, sans tabou, sans fausse pudeur, le front haut, avec l'air de dire : « J'aime les œufs, j'ai toujours des œufs avec moi, et je les protège avec mon porte-œufs » ? Qui va lancer le mouvement ? Il est évident que si Kanye West débarquait de son jet privé avec un porte-œufs bien en évidence, les grandes marques sans lesquelles « à cinquante ans on a raté sa vie » se battraient pour faire des porte-œufs personnalisés, monogrammés, avec des versions 1, 2, 3 et 4, comme l'iPhone ou les compiles *Buddha Bar*. Et ce serait tant mieux car, de source autorisée, la colère gronde chez les œufs, qui en ont marre de rester au frigo, dans leur petit casier, à attendre qu'on les sorte pour leur faire prendre l'air.

LE PORTE-PLUME ET LE PAPIER BUVARD

Le monde de l'écriture manuelle était un monde de pleins, de déliés, de journaux intimes, de correspondance d'amoureux... Un monde qui avait l'odeur des univers initiatiques : l'école, l'adolescence, les lignes des cahiers à petits et grands carreaux, qui apprennent à aller droit, à construire des phrases d'après l'espace. Et en même temps, un monde de pâtés, de doigts et d'ongles dégueulasses, et de graphologues pervers qui vous diraient un jour : « Tes A penchés vers la droite témoignent d'une sexualité encore très proche du stade oral... » Brrr...

LE PORTE-SAVON MURAL ROTATIF

Quand on avait bien trempé le croûton de pain dans l'huile des harengs-pommes persillées, et qu'on avait fait un détour par la case « toilettes à la turque » du Bistrot du Rouergue avant le dessert, c'était toujours sympa de retrouver ce bon vieux savon jaune empalé sur sa tige de fer, et qu'il fallait caresser de manière équivoque pour se convaincre qu'on se lavait les mains. Seules à le regretter : les mycoses, qui lui devaient une fière chandelle.

LE POT DE COLLE CLÉOPÂTRE

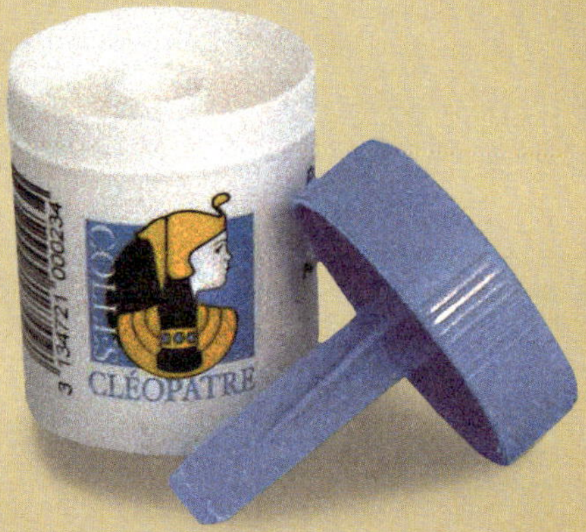

Les petits aiment s'intoxiquer. Je ne parle pas des gamins des rues de Bogota, mais de ceux de nos écoles primaires et de nos collèges, ceux qui croient qu'on peut s'envaper d'odeur d'amande avec la colle Cléopâtre, et qui allaient jusqu'à la manger. S'en faire des tartines. D'abord pour coller leurs exposés. Et ensuite pour se coller les poumons ? Qu'on se rassure : la colle blanche était – et est toujours – réalisée à base d'amidon de pomme de terre.

MON PREMIER MAGNÉTOPHONE

Si vous regardez bien cet objet, il a l'air méchant. Il semble dire à l'enfant : « T'as intérêt à devenir une star parce que, chez Fisher-Price, on n'aime pas les loosers. Allez, enregistre-toi ! Appuie sur "Record", qu'on voie ce que tu vaux ! » Résultat : une génération de bourricots accros au radio-crochet, prête à basculer dans le désastre de la télé-réalité.

1977

Les enfants restent toujours fidèles
aux jouets qui vieillissent bien.
SNOOPY
Tout enfant a eu dans sa vie un vieux jouet qui a su garder son affection. C'est pour cela que chez Fisher-Price, tous les jouets sont faits pour durer longtemps. Pour permettre aux parents de mieux utiliser leur argent, bien sûr. Mais surtout pour prolonger l'histoire d'amour entre l'enfant et son jouet. Regardez le chien Snoopy. Il a 38 ans. Il ne paraît pas vraiment son âge...
Fisher-Price
Des jouets comme les enfants.
Synergie. K.E.
Le petit livre Fisher-Price 1977 vous sera offert gracieusement par votre spécialiste jouets, puériculture ou grands magasins.

Les enfants ne s'amusent vraiment bien qu'avec les jouets qu'ils peuvent réinventer.
FISHER-PRICE
Pull-A-Tune
Les enfants préfèrent souvent les jouets qu'ils inventent à ceux fabriqués par les adultes. Parce que les adultes ne savent pas garder leurs yeux d'enfants.
C'est pour cela que chez Fisher-Price il y a une école maternelle où, depuis 15 ans, des enfants participent à la naissance des jouets... tout en s'amusant.
Fisher-Price
Des jouets comme les enfants.
Synergie, K & E
Le petit livre Fisher-Price 1977 vous sera offert gracieusement par votre spécialiste jouets, puériculture ou grands magasins.
111

LE PRÉSENTOIR SPOUTNIK

Cette invitation au cancer du poumon – qui semblait inciter au voyage cosmique tout en proposant une cigarette aux convives – a disparu de toutes les tables de salon lorsqu'on s'est rendu compte, dans les années 80, de sa ressemblance si frappante avec le virus du sida. Mais il fut très populaire, à une époque. À l'apogée de cet objet, on pouvait dire des phrases du genre : « Mais chérie, je te jure, je n'ai fumé qu'une boule, aujourd'hui. »

LE PROJECTEUR À DIAPOSITIVES

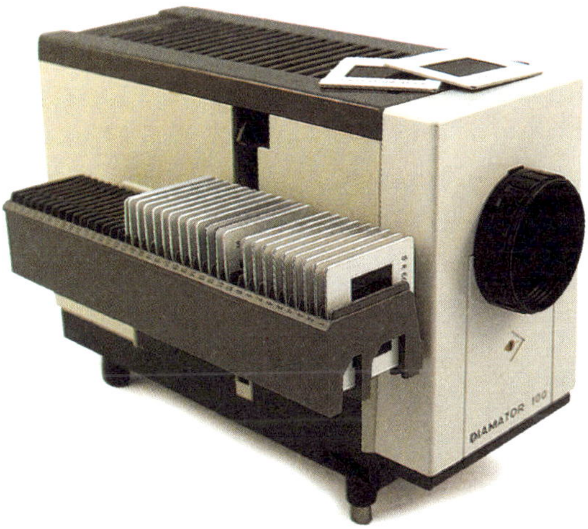

Qui n'a jamais goûté l'ennui d'une soirée diapos entre adultes après un dîner ? C'était l'équivalent de nos *battles* de vidéos sur YouTube ! En beaucoup, beaucoup, beaucoup, bucup (variante) plus ennuyeux. Un projecteur de diapos, c'était une arme de convivialité massive. « Dis donc, Armand, on revient du Maroc. Passez vers 20 heures, maman vous fera des merguez et on regardera des diapos ! » C'était comme ça qu'on se faisait des amis. Le jeudi d'après, ils nous montraient leurs diapos de Valras-Plage, le lendemain pétanque et rosé, et le samedi boîte échangiste. Aujourd'hui, ça s'appelle « Galerie », et le projo s'appelle un smartphone. La seule différence : ça se regarde tout seul.

LES PUCES SAUTEUSES

Il y avait les translucides avec des paillettes à l'intérieur. Elles se retournaient facilement. C'étaient celles des filles. Et puis il y avait les opaques, les vraies, celles qui faisaient mal aux doigts si elles sautaient dans les mains. C'étaient celles des garçons. Ceux qui les utilisaient sont devenus plus tard ceux qui jouaient au basket pour impressionner les meufs.
Les puces n'étaient que des bouts de plastique qui sautaient tout seuls, mais elles ont participé à la théorie du genre.

LE QUID

Sorte d'Internet « *offline* » ou de Web en papier, le *Quid* était censé répondre à toutes les questions, et se trouvait dans le salon de ceux qui n'avaient donc réponse à rien sans lui. Dans n'importe quelle conversation de haut vol – palmarès de foot, carte des vignobles bourguignons, ou nomenclature des maladies vénériennes –, le *Quid* pouvait apporter de soudains éclairages. Annuel de 1963 à 2007, il portait la date bien en évidence, obligeant ses fans à toujours posséder la dernière édition. Qui pouvait comporter de sérieuses bourdes. Exemple : l'exploitation, de 2001 à 2004, d'articles négationnistes pour calculer le nombre de morts dans le camp d'Auschwitz. Pas cool.

LE RADIO-RÉVEIL À LAMELLES

Les lamelles, c'était le top de la modernité. Le radio-réveil, le sommet de l'organisation du temps. Le monde du radio-réveil à lamelles, c'était un monde d'optimisme, de confiance en l'avenir. Chaque lamelle qui émettait son flip-flap en disparaissant nous rapprochait d'un monde d'opulence dans lequel la sexualité serait libre, l'emploi accessible à tous, et où chacun pourrait se sentir utile. Hélas, depuis, il y a eu l'ère Balladur, les 35 heures et, bien sûr, l'invasion des radios-réveils à lamelles fabriqués en Extrême-Orient.

LE RASOIR LADY SCHICK

Pour bien des générations, le sexe de la femme, tel qu'on pouvait l'apercevoir dans les magazines de nudisme ou de grand air en provenance des pays scandinaves, n'était rien d'autre qu'une touffe de poils. Avec un peu de chance, quand le poil était blond et rare, et la photo bien prise, on pouvait deviner cette anatomie secrète, complexe, qui restait parfois un mystère à vie, même dans les couples mariés. À tel point que, encore aujourd'hui, l'exhibition des poils est prohibée dans la loi japonaise. La démocratisation de l'épilation – ayant donc révélé au monde l'intimité féminine dans ce qu'elle a de plus graphique – a commencé avec cet étrange personnage de travesti khmer, invitant au dépoilage privé. J'avoue que, en bon journaliste, j'aurais dû expérimenter moi-même ce gadget révolutionnaire, mais je reconnais être resté longtemps, le regard dans le vide, le Lady Schick à la main, avant d'y renoncer.

LA RÈGLE À CALCUL

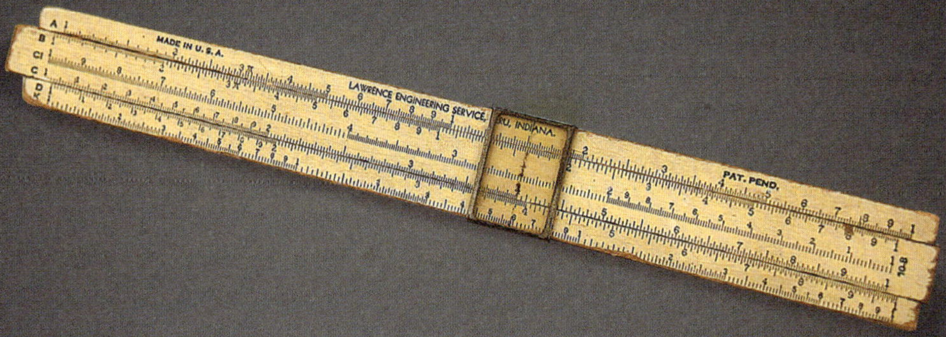

C'était juste incroyable de voir le nombre d'opérations réalisables à partir de cet outil mécanique de calcul ultra-léger, juste composé d'une règle savamment graduée et d'un curseur. Multiplications, divisions, mais aussi racines, logarithmes, trigonométrie, etc. Un coup de génie. Je me demande d'ailleurs la tête que devait avoir l'inventeur de ce truc. Est-ce qu'on murmurait à son passage : « C'est le roi de la règle à calcul » ? Lui donnait-on la meilleure table au restaurant, finissait-il toutes ses nuits dans le stupre d'Ibiza avec une volée de Danoises sélectionnées ? Voilà des choses que ni les livres d'histoire ni le tout-puissant Web ne racontent.

LE RÉPERTOIRE À CURSEUR

Trop flippant pour être bien décrit, cet objet appartient au monde des gens qui considéraient que leur vie privée devait être gérée comme une administration. Collectionneurs de buvards, cultivateurs de géraniums, ces êtres n'envoyaient pas leurs feuilles de remboursement à la Sécu : ils y ALLAIENT. Logiquement donc, ils prenaient un plaisir pervers au claquement du curseur passant de lettre à lettre. Leur plaisir suprême : les lettres couplées, comme P et Q, ou I et J.

LE RÉPONDEUR-ENREGISTREUR

D'abord de la taille d'une cabine de poids lourd, puis de plus en plus miniature, le répondeur téléphonique ressemblait à votre grand-mère grabataire, qui vous attendait dans le noir, l'hiver, quand la nuit était tombée sur elle à 17 heures, pour vous dire : « Josiane t'a appelé. » Dans l'obscurité, le répondeur recueillait des messages, qui commençaient par : « Allôô, t'es pas là ? Non ? Aaaallôôô ? Pas là ? Non ? Décroche si t'es là... » et se terminaient par : « Bon ben bisous. » Un des aspects amusants du répondeur maison était le quiproquo suivant : vous étiez avec conquête 2, lorsque conquête 1 appelait. Naturellement, ne surtout pas répondre. Mais c'était oublier qu'à la fin du message, conquête 1 disait, amplifiée par le haut-parleur : « T'es pas là ? J'avais envie de toi. » En général, conquête 2 se rhabillait et s'en allait.

LES ROUDOUDOUS

Les roudoudous, ou « coquillages à sucer » (malheureusement, ce verbe est désormais de plus en plus délicat à utiliser sans susciter la grivoiserie), sont des « friandises générationnelles », mais aussi des rites de passage : on finissait la partie comestible, puis on allumait sa première cigarette qu'on écrasait dans le coquillage devenu cendrier. L'enfant devenait ainsi un adolescent. Le roudoudou était d'ailleurs d'une taille adaptée aux bouches d'enfants. Rien n'empêche cependant, si vous avez grandi de la bouche, d'en confectionner (la recette du bonbon est sur le Net) avec une coquille Saint-Jacques de belle taille. Pour votre usage, ou pour en faire cadeau aux frères Bogdanov ou à la gourmande Nicki Minaj.

LE RUBAN ENCREUR

Rouge pour les mots importants (comme « impérativement » ou « participation aux frais ») et noir pour les mots ordinaires (comme « plan » ou « ci-après »). Le petit geste pour passer de l'un à l'autre était un peu minable, souvent raté. On mettait alors timidement les doigts, qui devenaient instantanément endeuillés, sales, et inmontrables.

LE SABOT À CARTE BANCAIRE

Ah, le regard du commerçant de Guangdong, tellement navré d'avoir complètement ruiné votre carte d'un coup brutal de sabot, son rire frais quand il s'aperçoit que votre puce est restée coincée à l'intérieur du « fer à repasser » ! Et le petit carbone illisible qu'il vous tend, tout content de la transaction, qui vous coûtera dix fois plus que vous n'aviez imaginé... tout ça n'a pas de prix. Comment faire du tourisme sans croiser ce classique du low-tech financier, et l'arnaque low-cost ? Cette pièce de musée vous ferait presque oublier que les raviolis frits vous ont coûté 12 euros pièce !

LE SAC US

Il fut un temps où US Army ne rimait pas avec « Irak » et « Afghanistan », où l'énergie sexuelle du jeune ne passait pas dans la recherche de théories de conspiration anti-américaines ou dans la lecture des « œuvres » de Stéphane Hessel. Croyez-le ou non, le sac favori des collégiens et lycéens était une besace, issue des surplus de l'armée américaine, arborant fièrement les initiales « US ». L'énergie jeune était alors déchargée dans le détournement, marqueur en main, de ces initiales. Exemples : « rUSé », « mUSclé » ou « anUS » (en mode farce sur le cartable du voisin).

LA SACOCHE BANANE

Être puceau n'est en général pas la chose dont on se vante le plus. D'autant que dissimuler sa virginité est simple, il suffit de dire à haute voix et avec conviction : « On a cassé parce qu'on était arrivé au bout de la passion physique. On avait tout fait. C'était... » Bien sûr, Robert... le problème c'est que, là, autour de ta taille, ou plutôt des bouées que tu portes à la tahitienne, il y a un portable dans un étui et... une banane. Ouais, le truc des candidats malheureux de Koh-Lanta, des cailleras bloquées en 1994 et des touristes allemandes. Qu'y a-t-il dedans ? Des préservatifs, bien sûr, qui ne serviront jamais.

LE SAUNA-CABINE

Officiellement, ce bain de vapeur domestique, qui ressemble à une robe du soir de Lady Gaga, était destiné à la cure d'amaigrissement. Quand on avait abusé du sandwich aux nouilles, on allait faire un tour dans ce truc improbable, et on en sortait tout léger. Ou pas. Les dessins animés genre Tex Avery montraient souvent un animal bien gras qui y entrait pour échapper à son ennemi juré et en ressortait quelques instants plus tard, squelettique et les traits creusés. La vérité, c'est que personne n'a jamais perdu un gramme dans ces cabines à l'hygiène douteuse et à l'installation quasi impossible. Mais c'était le seul moyen que madame avait trouvé pour empêcher monsieur de faire des cochonneries dans son bain.

LE SCOUBIDOU

Alternative à toutes les activités défendues en même temps qu'apprentissage de la vie, le scoubidou donnait à toute personne qui s'ennuyait l'impression d'avoir fait œuvre utile, d'avoir fabriqué un truc, de faire quelque chose de son temps. Plus tard, au bureau, à l'usine ou ailleurs, il n'était alors pas surpris par le côté vain, répétitif et appauvrissant de ce pour quoi on le payait. Quand on fait du marketing téléphonique, de l'onglerie à la chaîne ou de la DRH en temps de crise, je suis sûr qu'on regarde le scoubidou parfaitement tressé de ses onze ans en se disant : « Ça, c'était du beau boulot. Regarde comme c'était régulier... ». Pensez-y, vous qui, de plus en plus nombreux, en milieu de vie, êtes en quête de sens.

LE SÈCHE-CHEVEUX CHROMÉ

Je pense que la première femme qui a mis son séchoir dans sa valise s'est sentie libérée. Tout comme la première femme à remplacer son corset par un tailleur de laine grossière coupé au carré a dû remercier Coco Chanel d'avoir « libéré la femme » (!).

Oui, le séchoir portatif, de voyage, design et pratique, a été une belle avancée, même si ce combat n'a pas été gagné sans victime. Je parle de ces femmes qui ignoraient que l'art du brushing se pratiquait après le bain, et non pas pendant. Et que cet art était incompatible avec la maladresse. Tout à leur joie et à leur bien-être, les femmes ont fait de cet objet un best-seller. Pourtant, comment ne pas constater que cet objet nomade, pratique, n'était au fond qu'un pistolet à air chaud, qu'un pénis soufflant, qu'un phallus ronflant ?

LE SIMON

D'abord, pourquoi ce truc s'appelait-il le Simon ? À ce compte-là, on peut appeler une moto Josiane et un disque dur Léon. En fait, « *Simon says* » est la transcription anglaise de « Jacques a dit ». Ce jeu (1978), interdit aux daltoniens, était dominé par les gens ayant un gène commun avec les perroquets, mais aussi par les joueurs de piano et d'échecs. Ou les gens qui avaient des bonnes notes, une supermémoire car n'ayant jamais bu d'alcool. Je n'ai jamais joué au Simon.

LE SLIP KANGOUROU

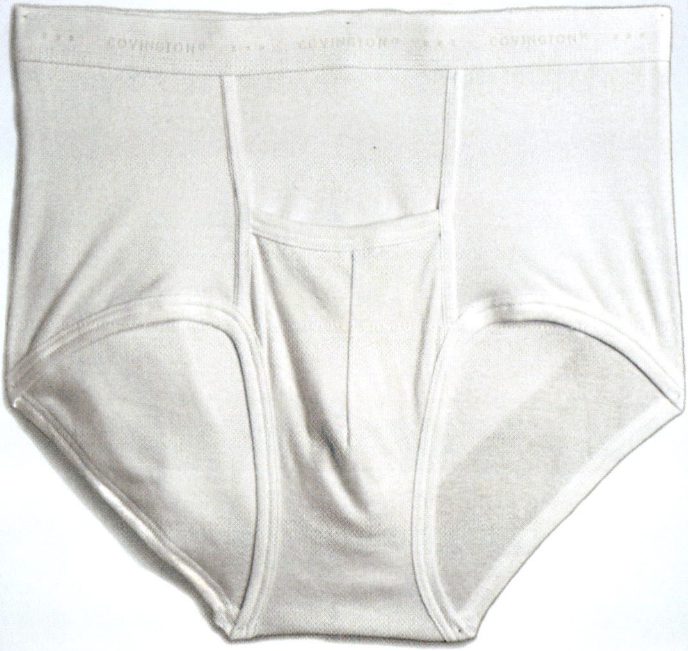

Avoir un slip kangourou et déambuler chez soi, la main dedans, mal rasé, ce n'est pas avoir raté sa vie. C'est juste faire partie d'une espèce en voie de disparition : le Marslipial, l'homme bien « genré », le mâle très mâle, qui aime mettre ses mains, et PAS QUE ses mains, dans des poches. L'équation slip kangourou = loose n'a rien d'automatique. Si la féminisation du monde a tendance à rendre le port de ce slip marginal, force est de constater que le slip kangourou, relancé d'abord avec humour par la marque « Le Slip français », a fini par faire le succès de celle-ci, remettant la France en bonne place sur la carte mondiale du slip. Or si le slip c'est la France, il faut aussi ajouter que le slip c'est la fête. Car c'est bien toujours de « fête du Slip » que l'on parle et jamais de « fête du Caleçon ».

1950

La Selva
SLIP
ERBy
MARQUE ET MODÈLE DÉPOSÉS
KANGOUROU
Le seul normal par sa conception
HAVAS

LA SOLEXINE

Ce mélange d'huile (6 %) et de carburant, présenté en bidon ou à la pompe (qui proposait plusieurs « dosages » en huile, donc) est un grand classique de la propulsion à vélomoteur en rase campagne. Avec un bidon de Solexine, on pouvait, au choix, faire une vingtaine de kilomètres, une dizaine de cocktails Molotov, se concocter un long drink en y ajoutant du vernis à ongles ou s'immoler sous un Abribus pour protester contre la politique américaine au Vietnam.

1964

SOLEXINE
BP
2200
Photo Claude ANGER
AVENIR
SOLEXINE
mélange anticalamine
pour VELOSOLEX
et " 2 temps" similaires
Exigez
la capsule verte
Garantie d'authenticité
Garantie d'expérience
En vente : Postes BP, Stations VELOSOLEX et Garages

LE TAC-TAC

À la fin des années 70, l'homme a découvert des poches d'ennui jusque-là inexplorées. Un ennui bien épais, de qualité NF. Tout le monde ayant sa machine à laver le linge, on cherchait, quelques heures par jour, des distractions alternatives à la lessive : haschich, Mourousi, San Antonio, traversée de la Picardie en Solex... et tac-tac. L'idée était de faire claquer les boules l'une contre l'autre (« D'où le nom ? — Ben oui, banane ! »). En bas d'abord (un peu comme les noix d'un vieux marin s'entrechoquant à chaque pas sur la route de Plougastel), puis en haut. Donc tac en bas puis tac en haut, le plus longtemps possible. On finissait par se faire mal, et c'était là le vrai moment de vérité, le moment où l'on comptait ses vrais amis. Car qui veut secourir celui qui s'est ainsi ridiculisé ? Qui peut accepter qu'un enfant ait eu entre ses mains cet engin de mort, capable, au moindre dérèglement de la cadence, d'éborgner, de mutiler ? Quel bon chrétien aime le simplet qui a voulu en faire trois tonnes dans la cour, et se retrouve avec un doigt écrasé, un œil en post-trauma et trois heures de colle ?

LE TAMAGOTCHI

Lancé en 1996, le Tamagotchi était une mode lamentable, qui permettait à l'enfant de se familiariser avec plusieurs notions : l'adoption, le cycle nourriture/excréments, l'euthanasie. Car ce petit personnage virtuel était un assemblage de pixels dont on prenait la responsabilité, qu'on nourrissait, qui faisait caca, et qu'on laissait souvent mourir, parce qu'on avait quand même autre chose à faire. Le Tamagotchi permettait alors de mieux comprendre ses propres parents.

LE TAMPON HYGIÉNIQUE DE RDA

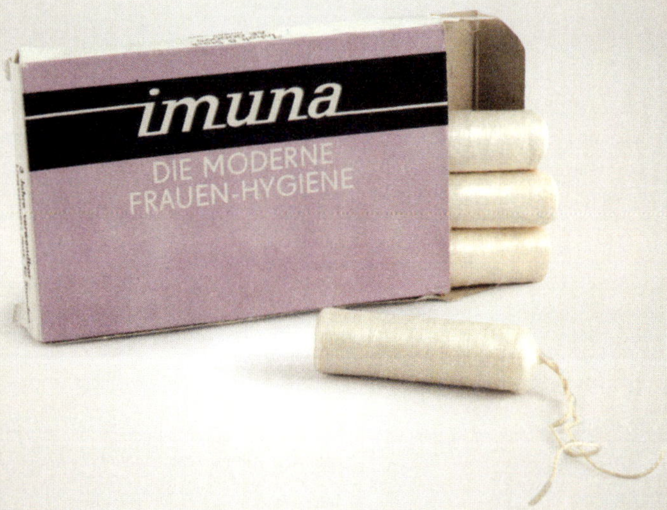

Abrasif, invasif, sans doute bourré d'anabolisants, ce produit, qui sauva plus d'une fois la vie d'Angela Merkel, était strictement interdit à l'usage pour les jeunes femmes encore vierges.

Dans le même temps, la femme française optait pour la ceinture sanitaire : « C'était une bande assez large, de peut-être trois centimètres, on y accrochait la serviette avec des épingles à nourrice au centre, puis on mettait un slip par-dessus ça », se souvient Thérèse, presque nostalgique.

1963

Bien conseillée, de bonne humeur... grâce au tampon Immuna au savon.
L'hygiène de la femme moderne.

LA TAPETTE À TAPIS

Comment la tapette en rotin, à une époque presque aussi essentielle à nos vies que le panier à salade, a-t-elle pu disparaître aussi brutalement ? Pourquoi n'en trouve-t-on plus nulle part, ni en droguerie, ni dans les grands magasins, ni même dans les donjons de fouetteuses ou les maisons closes germaniques ? C'est pour moi un mystère... Est-on désormais plus laxiste sur l'hygiène des tapis ? Ou avait-on juste créé un besoin artificiel à l'époque, celui de taper son tapis au balcon tous les soirs en regardant la voisine se déshabiller, un peu comme aujourd'hui on croit indispensable de consulter son Facebook sur son smartphone ? C'est possible. Sinon je ne vois pas d'explication. À noter : le mot « tapette » lui-même, détourné à des fins d'homophobie, est également, heureusement, en voie de disparition.

TATOO, TAM-TAM ET KOBBY

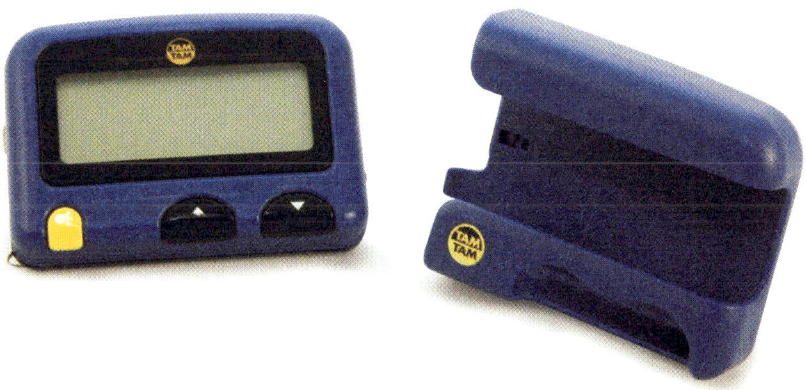

Oui, en 1995, alors que le téléphone portable n'est pas vraiment démocratisé, tout un chacun veut se la péter par tous les moyens et être joignable partout et à tout instant. Alors, une grande entreprise française, véritable pépinière d'ingénieurs fans de Peter Gabriel, a l'idée de génie : pourquoi ne pas faire un truc hyper cher, pas pratique, avec un abonnement aussi indélébile qu'un tatouage de mafieux ? Tam-Tam (le meilleur), Tatoo et Kobby, c'était ça, Autour de 1 000 francs l'abonnement, auquel il fallait ajouter de 2,50 à 4,25 francs par message. Très vite, le SMS est venu balayer tout ça en proposant un moyen de communication bien plus pratique. Là a commencé le calvaire du désabonnement. Je pense que, à l'époque, sans Julien Courbet, on aurait vraiment eu du mal à s'en sortir.

LE TÉLÉPHONE À CADRAN...

Autant un livre, ça avait plus de charme qu'un eBook, autant mettre sept minutes à composer un numéro sur un gros cadran en Bakélite, je ne vois pas l'avantage. Le « 1 » encore, c'était jouable. Bref, ludique, sonore... *why not ?* Tac Crrr... Mais le zéro, vous vous souvenez du zéro ? Taaaaac Crrrrrrrrrrrrrrrrrrrrrrrrrr... le temps que notre doigt arrive au butoir du cadran, on pouvait voir toute notre vie repasser devant nos yeux. Et le temps que le trou revienne à sa place, on avait le temps de réaliser que celle-ci était un échec, qu'on avait foiré sa sexualité, qu'on avait un job pourri, une femme castratrice, que ça faisait six mois qu'on devait refixer la lunette des toilettes,

... ET SA HOUSSE EN VELOURS

bref le zéro vous remettait à votre place. Laquelle était celle d'un mec des années 80 trop content d'avoir pu activer la touche « silence » ultrasophistiquée de la télécommande de la télé pour réduire Hélène au silence et appeler la Sécu. Car il fallait l'appeler à l'époque, et ça se faisait pas en plein air, avec un répertoire et des touches. Il fallait un cadran, un fil – toujours trop court – et rester juste à côté du petit meuble dégueulasse. Et roule cadran ! En général, ça sonnait occupé.

LE TÉLÉVISEUR CATHODIQUE

Je n'en veux pas à ceux qui ont inventé le téléviseur cathodique. Le temps a passé et on ne peut plus leur tenir rigueur de la laideur des images, du bourdonnement qu'on faisait taire en tapant dessus du plat de la main, ou de l'explosion inopinée du poste, vers 5 heures, alors qu'on s'était endormi devant. Après trois mois d'hôpital, en général, on pardonnait toujours, et on était toujours content de retrouver son studio à moitié brûlé, avec son vieux téléviseur fondu au milieu. Le téléviseur cathodique avait quand même de bons côtés, comme le fait qu'il fallait sans arrêt se lever pour changer les chaînes, ce qui musclait le dos et évitait de sombrer dans l'obésité.

LE TÉLEX

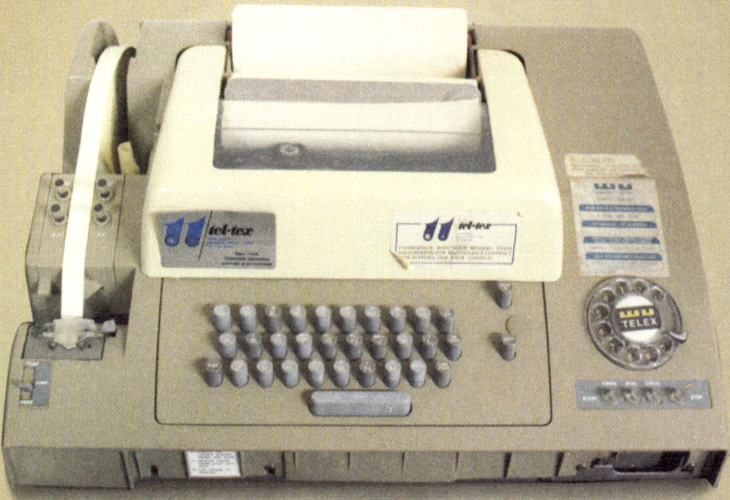

Au xxe siècle, le Télex a connu une évolution semblable à celle du suppositoire : la miniaturisation. Mais la comparaison s'arrête là car, curieusement, alors que le suppositoire a survécu et affiche même une belle santé, ce terminal de télécommunications est largement obsolète et aussi peu sexy qu'un crépi sur placo.
Qui, de nos jours – à part les Allemands qui l'utilisent encore mais qui insistent aussi pour utiliser des suppositoires géants –, voudrait encore d'un tel bazar chez soi, alors qu'il y a le mail, Twitter, les blogs, le smartphone ? Certes, il y a l'inimitable « crépitement » du Télex. Son caractère « historique » : « Dès 11 h 30, les Télex se sont mis à crépiter... Le Général était mort. » Mais vous pouvez aussi bien bruiter votre iPad, avec l'appli « Faire crépiter Morandini » : « CriccracTik... Nabilla est enceinte de Jean-Louis Borloo... TkTakCroc... »
Plusieurs vieux correspondants de l'AFP m'ont confié avoir réchappé au suicide grâce à cet artifice ingénieux (déjà douze téléchargements en six ans !).

LE THERMOMÈTRE À MERCURE

Lire la vraie température ? Quasi impossible ! Le temps de trouver où était ce fichu niveau argenté, il était déjà redescendu d'un degré au moins.
Se le mettre sous le bras ? Que dalle ! Il affichait alors péniblement 28 °C, signifiant ainsi qu'il refusait l'aisselle et vous indiquait l'anus comme seul débouché fiable. Je me demande même si certains de ces thermomètres, tortionnaires d'enfants, n'émettaient pas alors un petit rire toxique. Toxique comme leur contenu, le mercure, à peu près aussi inoffensif pour la santé que le gaz sarin, le saut à l'élastique sans élastique et le sexe non protégé. Pour des raisons que vous pouvez bien imaginer, ces thermomètres ne se bousculent évidemment pas sur eBay.

LA TOTOCHE

Quand on a huit ans, la vue d'une totoche peut donner un coup de vieux. Quand on en a trente, c'est pire. Car alors ça ne rappelle plus la tétine mais l'invasion de mini-totoches de toutes les couleurs qui se portaient autour du cou, avec un fil. Une grande régression pour l'humanité. Ça prenait vite la saleté et c'était proprement répugnant. Essayez d'en proposer une à un enfant d'aujourd'hui et vous verrez sa mine dégoûtée.

LE TOURNE-DISQUE

Avant de s'appeler une « platine », un tourne-disque s'appelait « un tourne-disque ». Et avant ça, il y avait eu le paléophone, le graphophone, le phonographe, et tout ce qui s'était ensuivi. Certains tourne-disques, qui se croyaient « automatiques », n'en faisaient qu'à leur tête, c'est-à-dire se posaient où ils voulaient au milieu du disque, ou restaient indéfiniment suspendus, bloqués, l'aiguille à un millimètre du sillon, incapable de le lire. Pendant ce temps, tous les danseurs invités à la boum, impatients, Coca à la main, vous conspuaient, cruels. Le coup de latte dans le Teppaz était en général la seule issue possible.

SUD-EST-PUBLICITÉ
c'est le plus près
de la vérité
le plus près
de la perfection
il est
tellement
différent
des autres
Teppaz est un spécialiste de l'électrophone !
TEPPAZ est le créateur de la chaine acoustique légère. C'est son équipe technique qui, 25 ans durant, a élaboré les organes requis pour l'obtention d'une musique parfaite avec des appareils de faibles dimensions.
Mallette T.D. "ECO" microsillon 16/33/45 et 78 tours
Electrophone "PRESENCE" à baffle "Spatio-Dynamic" microsillon 16/33/45 et 78 tours
Electrophone "336" à baffle orientable "Spatio-Dynamic" microsillon 16/33/45 et 78 tours - 336 pick-up 336 préampli micro - 336 préampli cellule cinéma et micro
COFFRET "DUO-DYNAMIC" Véritable enceinte acoustique, assemble dans une présentation élégante un ensemble de H.P. de HAUTE-FIDÉLITÉ. Associé au TEPPAZ 336 il donne une ampleur et une qualité exceptionnelles grâce à son rendement électro-acoustique très élevé sur toutes les fréquences.
Dépliant sur demande : LYON : 170, Boulevard de la Croix-Rousse. Tél. : 28-76-75 (5 lignes) PARIS (10e) : 160, rue Lafayette. Tél. : Botzaris 65-30 (5 lignes) - BRUXELLES Agence Todtenhaudt, 122, rue Saint-Denis. Tél. : Forest 43.00.50.
FOIRE DE PARIS - TERRASSE C - HALL 53 - STAND 5 359
TEPPAZ
LYON
Au 1er Avril 58, 600 ouvriers ont fabriqué de toutes pièces 600.000 de ces appareils qui sortent à la cadence de 1.000 par jour, soit un appareil toutes les 30 secondes.

LE TRANSISTOR

Le transistor n'est ni plus ni moins qu'une radio avec un nom ringard, un nom que n'utilisaient que les conseillers principaux d'éducation avant de vous le confisquer. Après leur suicide, on trouvait souvent, chez ces CPE pervers, des collections de « transistors », sans doute accumulés sans but ni raison, juste pour faire souffrir des gosses innocents, dont le seul but était d'écouter NTM en fumant du THC et en se roulant des galoches.

LE TRICOTIN

La version contemporaine du tricotin, cette machine à tricoter d'un autre âge, est la grand-mère qui tricote des écharpes pour des magasins de hipsters.
Pourquoi se servir d'une machine démodée, alors qu'avec la misère des retraites d'aujourd'hui on peut arrondir les fins de mois de mamie Solange en lui commandant un modèle « Anne Sinclair 1986 » 100 % mohair ?

LE VENTILATEUR KALORIK 5830

Quand vous regardez un objet et que vous ne savez pas s'il va vous réchauffer ou vous réfrigérer, s'il s'agit d'un ventilateur, d'un radiateur, d'une centrifugeuse atomique portative ou d'un stérilisateur industriel de truies, c'est que le truc a été pensé par quelqu'un de pervers. Dans la lignée d'Angela Merkel. Du boulot d'Allemagne de l'Est, ou pire. Pour le cas de ce ventilateur, j'imagine mal ce que devait ressentir l'ouvrier qui, rentrant chez lui le soir, devait méditer, dans sa Simca, à une justification de son existence. « Je fabrique des ventilateurs de bureau Kalorik. Nous avons amélioré notre productivité. » Pour ceux qui, dès 1976, ont intégré ce ventilateur à leur mode de vie, le bilan était peut-être encore pire : angines blanches, doigts coupés, invasion des poumons par une répugnante faune microbienne. À eux l'amertume. Pourtant Kalorik a survécu à son ventilateur de bureau, et fait aujourd'hui de beaux produits. Est-ce que ce n'est pas cela la preuve de l'existence de Dieu ?

LE VIEW-MASTER

Ah oui, le truc là, où on collait ses yeux, genre réalité virtuelle montée sur carrousel. Pas nul, mais pour voir quoi ? La même chose qu'au fond d'un verre de saké à L'Auberge du Printemps ? C'est-à-dire une bonniche en gaine ? « Non merci, c'est gentil, j'ai ça en live à la maison », disait un ami.

LA VIGNETTE AUTOMOBILE

1956-2001. Plus un pare-brise avait de vignettes automobiles (dont jamais aucune, je dis bien aucune, n'a eu une belle couleur), plus son propriétaire était pauvre. Voilà en gros la règle. Punition à laquelle s'ajoutait le fait de devoir surveiller la route en regardant à travers cette mosaïque de vignettes fiscales, témoignage bariolé d'une double tragédie humaine : celle d'être à la fois un contribuable et un automobiliste.

LE WALKMAN

Un Walkman (1979-2010), ça valait de l'or. C'était japonais, comme les sushis – que tout le monde vomissait à l'époque. Un Walkman se mettait à la ceinture, juste à côté de l'étui pour les Vuarnet, et se nourrissait de cassettes. Tout compris, pour écouter de la musique au Walkman, il fallait un casque (alors de la taille d'un guidon de poids lourd), le Walkman lui-même, son étui, les cassettes, et une mitaine noire pour faire Michael Jackson. Le tout tenait dans un gros sac à dos, super cool, qui respirait la liberté et l'aisance. Une fois que la bande des Halles vous avait dépouillé, il vous restait le gant. Et le sac vide. Avec la revente d'un Walkman, une famille moyenne vivait environ un mois, boissons, desserts et blousons Chevignon compris. Pour vous donner une idée, mon proprio s'est contenté de me braquer le mien pour se payer deux mois de loyer de retard. Une vraie galère, ce Walkman, oui.

INDEX

LOISIRS - CULTURE

SANTÉ - BEAUTÉ - SOINS - HYGIÈNE

TÉLÉCOMMUNICATIONS

TRANSPORTS - AUTOMOBILE - CYCLES

VÊTEMENTS - ACCESSOIRES - DÉCO

VIE QUOTIDIENNE - VIE DOMESTIQUE - BRICOLAGE

CRÉDITS PHOTOGRAPHIQUES

Delphine Delaunay/PPDL

pp. 10, 12, 15, 16, 18, 23, 26, 27, 32, 33, 34, 35, 42, 46, 47, 48, 51, 53, 62, 64, 67, 68, 69, 70, 71, 72, 81, 87, 88, 89, 92, 94, 99, 100, 101, 102, 103, 106, 107, 115, 116, 117, 120, 121, 122, 123, 124, 127, 130, 136, 137, 138, 140, 141, 142, 143, 146, 150.

iStockphoto

pp. 13 (gratomlin), 24 (JoKMedia), 54 (mygueart), 56 (filonmar), 59 (Fyletto), 80 (PaZo), 96 (Franck-Boston), 114 (ThomasVogel), 125 (yellowsarah).

123RF

pp. 7 (Winai Tepsuttinun, Carlos Caetano), 20 (Carlos Caetano), 41 (Pichet Panyaud), 45 (pixbox), 73 (Scott Betts), 93 (WDesigns), 108 (Olga Drozdova).

Droits réservés*

pp. 6, 8, 9, 11, 14, 17, 19, 21, 22, 25, 29, 30, 31, 36, 37, 39, 43, 49, 50, 55, 58, 61, 63, 65, 66, 76, 77, 78, 79, 82, 83, 84, 85, 90, 91, 95, 97, 98, 105, 109, 110, 111, 112, 113, 118, 119, 126, 128, 131, 132, 133, 134, 135, 139, 144, 145, 147, 148, 149, 151, 152, 154, 155.

Autres

Canal + : p. 21 ; leshappyvintage.fr : p. 28 ; etsy.com : pp. 38, 50, 58, 84, 102 ; Shutterstock : p. 38 ; Chloé Madeline : p. 42 ; Pascal Kummer : p. 55 ; Valentin Simony : p. 72 ; Fabrice Aubert : p. 73 ; Frédéric Souloy/Gamma : p. 126 ; Lili La Flamande : p. 127 ; Abaca : pp. 32 (Flo), 33 (Frédéric Nebinger) ; Andrew Hazelden : p. 153.

REMERCIEMENTS

Daniel Baldaia,

M. et Mme Gilles Dreyfuss, le restaurant Le Père Fouettard (Paris 1er),
M. et Mme Philippe Boulon, Isabelle Dupont, Anne et François Procureur, Kimya Metghalchi,
Virginie Lancia, Maggy Lassus, Valérie Coquet, Annick-France Bozonnet,
Pascal Kummer (legrenierdepascal.com), Émilie Picaudé, Gilles Legleye, Colette Thill,
Huguette Maure, Noémie Follin, Valentin Simony (link-tothepast.com),
Fabrice Aubert (Sourisunday/eBay), Marie Renoud, Anthony Girault, Marion Salort, Annick Salaün...

... et Kanye West !

** Dans le respect des éventuels droits patrimoniaux et du droit moral des auteurs inconnus des documents photographiques reproduits dans cet ouvrage, l'éditeur indique qu'il a réservé des droits et qu'il mentionnera le nom des auteurs qui se feront connaître et justifieront de leur qualité pour toute nouvelle édition de l'ouvrage.*

DIRECTION ÉDITORIALE

Édouard Boulon-Cluzel

CONCEPTION ARTISTIQUE, RÉALISATION

Chloé Madeline

FABRICATION

Christian Toanen
Nikola Savic

Photogravure

PPDL

Imprimé en Espagne
Dépôt légal : octobre 2013
ISBN 13 : 978-2-7499-2040-5
LAF 1761

APPEL À CONTRIBUTION

Nous avons certainement oublié d'en oublier !

C'est pourquoi nous serons heureux de recueillir vos suggestions.
Elles donneront peut-être lieu, qui sait, à un nouvel inventaire !

Objets2@hotmail.fr